02

时论中国

COMMENTS ON CHINA

为中国留下深度思想印记

A Deep Ideological Impressionand Memory for China

中国工人出版社
China Worker Publishing House

用思想记录中国

时论中国
Comments on China

谨以此书献给我们的大时代

A deep ideological impression and memory for China

发现中国

读懂中国

记录中国

时论中国

Comments on China

·目　录·

社会
137

序

为中国留下深度思想印记

艾　丰

摆在各位面前的，是一本名为《时论中国》的书。

这是一套丛书中的一本。

也就是说，这样的书，我们将持续不断地出版下去。

为什么要编辑出版这套名为《时论中国》的理论丛书呢？

我们的初衷有三。

其一，观察。

当今中国，是一个充满生机、活力、机遇，同时也难免产生陈腐、僵化、陷阱的发展中国家。观察和认识这个社会，适应和改造这个社会，是摆在每个公民面前无可回避的一道人生选择题。这套丛书所选取的话题和评论对象，是每个公民经常关心的、随时发生在我们身边的林林总总的新鲜事物。定期出版《时论中国》丛书，就是要为广大读者提供一扇观察当今中国的窗口——在这里，发现中国。

其二，剖析。

观察和分析事物，有若干视角，亦有不同态度。对于形形色色的各种现象和事物，我们到底应该怎么看？这些现象的本质是什么？它们为什么会发生？今后走势如何？我们应该如何应对？诸多问题，总是或隐或现地在人们脑海中轻轻掠过。或许，你未曾认真想过，但有人认真想过，并且潜心研究过，他们以专家学者的学识与素养，梳理来龙去脉，剖析背景原因，指点趋势走向，提供应对策略。定期出版《时论中国》丛书，就是要为广大读者提供一种解剖事物、辨析事理的方法——在这里，读懂中国。

其三，记录。

在时间的纵坐标和空间的横坐标上，新中国已经昂首走过虽然曲曲折折但亦不乏辉煌的六十余年。我们每一个公民，也与共和国一道，走过自己或长或短的难忘岁月。时光如梭，岁月留痕。国家为我们留下什么？我们为子孙留下什么？这些，都需要用各种方式记录下来，留在记忆中，留给下一代。定期出版《时论中国》丛书，就是要为广大读者留下这样一份与彼时中国共同成长和思考的文字印记——在这里，记录中国。

既如此，担负如此不凡使命的这套丛书，以及策划编辑这套丛书的艾丰经济发展研究院，从制定选题、筛选作者、沟通意图、编辑出版的各个环节，都精心组织，精心设计，精心编辑，以不负我们这个不凡的时代和同样不凡的广大读者。

我们选材的标准是，新鲜，独到，深刻。

为此，我们就稿件取舍定下了“三最”标准：由当今中国思想界最活跃的一批专家学者，评析当今中国最新发生的各种事物，为当今中国留下最独特的思想印记。

我们编辑的目标是，清新，朴实，简洁。

为此，我们在每一本书的每一个专题中，分别辑录了主题、延伸、名家观点三个板块，以长短相间、相辅相成的形式，尽可能地为读者奉献既有深度、又有广度，既有长论、又有短评的鲜活的时代思想记录。

本套丛书的文章，来源于我们所能看到的所有公开出版物，包括各种报纸、杂志，网络发布的各种博客、微博，以及作者在论坛、会议中公开发表过的各种讲话。这是一个大海捞针、不断发现和不断筛选的过程，也是一个梳理时代脉络、萃取思想精华的过程。无疑，这更是一个繁复而又需要恒心、耐心和责任心的工作。作为主编之一，我向负责具体筛选和编辑工作的各位同仁，表示深深的敬意和衷心的感谢。

《时论中国》——观察中国，剖析中国，记录中国。

与中国一起成长——这，就是我们的定位，也是我们的使命。

我们将竭尽全力。

是为序。

Economy | 经 济

主题主编 | 韩晓峰　徐辉

中国迎来“新黄金十年”

新型城镇化，究竟如何“化”

“新土改”新在哪儿

新结构经济学：与三中全会不谋而合

生态文明：不文明必淘汰

中国迎来“新黄金十年”

01

KEEPING THE
MINUTES OF CHINA
WITH THOUGHTS

主题

刘元春　“大改革”必将带来“大变化”

李　扬　全球背景下中国经济的又一轮增长

延伸

卢　锋　新十年宏观调控的“四减四加”

巴曙松　杨现领　跨越时空的资金匹配机制

名家观点

胡鞍钢　周其仁　彭希哲

崔立如　黄　震

主题 | Key Articles

“大改革”必将带来“大变化”

刘元春

核心提示

“大改革”将在短期通过信心重振、“创造性破局效应”政策重新定位等渠道，对宏观经济各种变量产生不同程度的冲击，使2014年具有一定的不确定性。但在中期，“大改革”带来的改革红利开始全面显现，从而给中国带来“大变化”。中国未来经济增长将步入中高速阶段，并在未来十年内成功赶超美国。

《中共中央关于全面深化改革若干问题的决定》顺应历史的要求，开始了以“完善和发展中国特色社会主义制度，推进国家治理体系和治理能力现代化”为目标的全面深化改革。这些改革必将在未来相当一段时期内对中国宏观经济运行的机制以及宏观经济的走势产生基础性的作用。

短期内，“大改革”将打破传统的利益格局和资源配置方式，对现有的生产体系，特别是对投融资体系和政府经济管理运转模式带来冲击，从而导致政府消费、各类投资速度出现波动；

中长期内，“大改革”将重构中国经济增长的源泉，在优化资源配置的效率的基础上释放改革红利。因此，充分考虑“大改革”带来的冲击，对于分析中国宏观经济中短期增长趋势变得十分重要。

刘元春
中国人民大学经济学院副院长。

“大改革”带来的短期宏观经济冲击

2014年将是中国全面落实三中全会精神、全面推行结构性改革的第一年。因此，2014 年将是近 20 年来政治、社会、经济最为复杂的一年。

一、“大改革”重构坚定改革信心

2014 年将是近 20 年来政治、社会、经济最为复杂的一年。

“大改革”对于 2014 年宏观经济最为正面的影响，将是印证“全面改革”、“强力改革”和“真改革”，消除社会各界对政府改革决心的猜疑，从根本上重树市场信心。这种信心的重构在目前周期转换的关键时点具有十分重要的作用。

二、“大改革”对于投资在短期具有一定的抑制作用，对消费支出和消费信心的提升带来正面影响

“大改革”将在短期内对于 2014 年的宏观经济变量产生不同方向的影响（见表 1）。

1. “大改革”对投资带来的影响

对于投资而言，三中全会的各项改革举措在 14 个方面将对固定资产投资产生直接影响，其中前 9 项将对投资，特别是民间投资产生积极的影响；第 10 项房产税的推广，将对房地产产生压制作用；第 11 ~ 14 项将严重压制政府投资和国有企业的投资。由于民间资本的上涨和国有企业投资的下降具有一定的政策滞后性，而政府投资的下降与改革的同步性较强，很多措施难以在短期中推出，而政府改革可能具有先导性。因此，我们判断，“大改革”在 2014 年对于中国固定资产投资的影响从总体上将有轻微的压制作用，即政府投资和国有企业投资的下降较为明显，外资进入将有一定幅度的上涨，民间资本的进入也有一定幅度的上升，对房地产投资的影响可以忽略，但难以抵补政府投资下降的幅度。总体而言，改革对投资在短期具有一定的抑制作用，在中长期有强烈的释放效应。

“大改革”在 2014 年对于中国固定资产投资的影响从总体上将有轻微的压制作用。改革对投资在短期具有一定的抑制作用。在中长期有强烈的释放效应。

2. “大改革”对消费带来的影响

对于消费而言，“大改革”在 8 个方面对消费产生直接的作用。其中前 6 项都将对消费支出和消费信心的提升带来正面影响。因为这

些举措都会增加居民未来的收入和公共服务，降低未来收入和生活支出的不确定性，降低民众预防性储蓄的水平，但这取决于2014年对这6项改革推动的进程。对消费产生强烈抑制效应的是第7项和第8项，即财政公开、反腐倡廉、四风整顿、群众路线以及八项政策等举措的常态化，将大幅度减少公款消费、政府消费、高档消费、假日消费和婚丧消费。因此，从总体而言，改革对于2014年的消费具有较强的抑制作用。而在中长期有强烈的促进作用，并逐步推动消费驱动型经济增长模式的形成。

改革对于2014年的消费具有较强的抑制作用。而在中长期有强烈的促进作用，并逐步推动消费驱动型经济增长模式的形成。

3. “大改革”对出口带来的影响

对于出口而言，建立开放型经济新体制无疑是利好的。但是新体制更多地是从要素自由流动、金融与资本管制的开放等角度展开，对于投资的影响较大，如果考虑国际投资和国际化生产体系对于短期出口和进口具有一定的替代效应，贸易的便利和服务贸易的开放所带来的出口增长可能被抵消。

应当重点强调的是：

第一，服务业的开放可能增加中国服务贸易的赤字，因为在服务贸易方面中国并不具备竞争优势；

第二，汇率市场化的改革，可能导致2014年人民币进一步升值，从而对出口带来一定的抑制效应。

从总体而言，无论是短期还是中期，改革都难以对中国出口带来根本性的冲击。2014年改革对于中国贸易状况的影响可以忽略。

无论是短期还是中期，改革都难以对中国出口带来根本性的冲击。2014年改革对于中国贸易状况的影响可以忽略。

4. “大改革”对价格指标带来的影响

对于价格指标而言，改革带来的影响较为明显。

对于物价而言，产品市场和要素市场的价格改革，将全面改革以往价格形成机制中存在的扭曲，因此价格释放将形成一定程度的通货膨胀压力。

房地产是关注的焦点，很多人希望三中全会的改革会对平抑目前持续高涨的房地产价格有所举措。但事实上，三中全会的“大改革”只有三个方面涉及房地产：一是房产税的立法与推进；二是土地市场的改革；三是城镇化和农村转移人口的市民化。前两个方面对平抑房地产价格将起十分关键的作用，很多人认为这将刺破中国房地产泡沫。但必须明确的是，由于房产税依然处于试点与立法的阶段，并且征收的力度较小，而土地改革是一个极其复杂和漫长的改革，即使对于农村集体建设用地可以直接进入城市建设的改革，可以及时推出，但集体建设用地的规模依然要受制于政府的规划，土地供给并非可在短期大幅度放量，土地价格也难以在短期出现明显回落。同时，虽然农村土地改革精神暗含了小产权房转正的合法性基础，但对于小产权房的改革，不同部门和主体存在的分歧太大，即使出台，其改革进程应当大大滞后于农村宅基地改革以及建设用地市场化改革。城镇化改革的加快和深化，是导致2013年城市住房价格上涨的核心原因，在新政府上台时已经形成了明显的市场冲击，因此，三中全会关于城镇化加快和深化的改革措施在2014年将进一步引导房价上涨的预期，并随着农民工市民化实质性的推进，城市住房供求缺口将进一步加大。所以从总体而言，围绕房地产的深层次改革是渐进的，难以在短期快速提升城市房地产的供给，从而难以在短期从根本上取得平抑房价的效果。因此，我们判断，三中全会的各项改革不仅不能在短期中产生“刺破房地产泡沫”的作用，反而在城镇化加速的作用下，形成房地产价格上行的预期。因此，三中全会关于房产税改革的推进、土地改革的实施应当适度加快。同时，2014年房地产价格的平抑必须落脚到房地产供给的放量和现有土地供给的放量之上。

> 三中全会的各项改革不仅不能在短期中产生“刺破房地产泡沫”的作用，反而在城镇化加速的作用下，形成房地产价格上行的预期。

5.“大改革”对利率市场化和金融体制改革带来的影响

利率市场化改革和金融体制改革，从中长期来看对于资金成本的降低有明显的作用。但是由于金融主体的多元化、市场层次的多元化需要很长的时间，存款利率市场化初期带来的是商业银行对于存款吸收的恶性竞争以及存款成本向贷款需求方的强劲转嫁。因此，企业的财务成本在2014年不会下降，特别是传统的银行贷款大户将受到明显的财务冲击。从世界各国银行利率市场化的经验来看，存款市场化的初期很可能出现资金市场的波动、金融竞争秩序的恶化和银企关系

> 企业的财务成本在2014年不会下降，特别是传统的银行贷款大户将受到明显的财务冲击。

的恶化，这也决定了在市场利率上扬中，金融监管和货币调控的压力在2014年将大幅度增加。

存款市场化的初期很可能出现资金市场的波动、金融竞争秩序的恶化和银企关系的恶化。

表1 “大改革”对于宏观经济变量的影响

TFP的改善	①现代市场体系的完善，使市场在资源配置中起决定性作用； ②利率、汇率、资源以及服务类价格的全面市场化；要素的自由流动； ③政府职能的转变，寻租空间和交易成本大幅度下降； ④深化科技体制改革，新型创新体系的构建； ⑤劳动力市场的改善，结构性失业和摩擦失业减少。
投资	①非公有制经济财产权神圣不可侵犯：提振非公经济主体的信心，促进民间资本返流和国外资本的进入； ②混合所有制的推行和发展、国有企业改革提高民间资本投资空间； ③破除各种形式的行政垄断； ④向外资开放服务业，资本市场的双向开放，资本项目对内对外自由化； ⑤投资审批权限的废除与下放，市场准入建立负面清单制度，可以降低投资成本； ⑥降低社会资本进入文化领域的门槛； ⑦扶持创业的优惠机制建设； ⑧建立城乡统一的建设用地市场和土地市场改革，将提高土地供应和房地产投资； ⑨股票发行制度的改革，企业资本金获得充实； ⑩房产税推进对房地产投资有一定的负面影响； ⑪政府职能的重新定位，政绩评价体系的调整，政府投资冲动和投资饥渴症将得到抑制，政府投资项目大幅度减少； ⑫转移支付增长机制的改革，逐步取消竞争性领域专项与地方资金配套；
	⑬国有资本收益上缴公共财政比例的提高，将降低国有企业的投资能力； ⑭城市建设投融资体制的改革：城市基础设施投资的变化。

续表

消费		①收入分配改革：提高劳动报酬的比重，增加居民财产性收入，橄榄形分配格局的形成将改变未来收入预期和提振消费信心； ②社会保障的全覆盖，将增加低收入人群的转移收入和公共服务消费； ③建立综合与分类相结合的个人所得税制，将减少中低收入群体的所得税负； ④农村建设用地直接进入城市建设，个人享有更多的土地增值收益，赋予农民更多财产权利，将使农民获得更多收益和资本； ⑤农业转移人口的市民化，将大大提升这些转移人口的社会保障和公共服务，提高该类人群的消费水平； ⑥人口政策的放开，将从中降低储蓄率，提高消费； ⑦财政公开、反腐倡廉、四风整顿、群众路线以及八项政策的常态化，将大幅度减少公款消费、政府消费、高档消费、假日消费、婚丧消费； ⑧消费税的提高，将降低高档商品的消费。
出口		构建开放型经济新体制： ①服务业的开放； ②自由贸易实验区的推进； ③资本项目开放； ④汇率形成机制的市场化。
价格	物价	①水、石油、天然气、电力、交通、电信等领域价格改革，放开竞争性环节价格； ②资源税改革； ③健全农业支持保护体系，农业生产能力和价格形成机制的稳定性。
	房价	①房产税的立法与推进； ②土地市场的改革； ③城镇化和农村转移人口的市民化。
	利率	①利率市场化； ②存款保险制度建设。

三、“大改革”对2014年中国宏观经济政策的目标产生约束

“大改革”将引发一系列的震荡，要想“大改革”得到顺利实施，一方面需要强力的政治实施力量，但另一方面还需要采取各类辅助性政策，以对冲改革带来的社会经济的震荡。

因此，宏观经济的稳定在推行“大改革”的进程中十分重要。具体表现是：

1. 对于就业的稳定有刚性要求

经济稳定、社会安定的核心在于就业的稳定。2014年新增长就业如果确定在1200万，所需要的经济增长速度在7.1%即可（在服务业增加值增速维持在8.3%的基础上，GDP只需要7%增速即可保证1200万的城镇新增就业）。但考虑2014年大学生与中等职业学校毕业生之和超过1200万，如果要维持目前的失业率水平不急增，2014年的新增就业目标应当维持在1300万。在目前服务业增加值增长8.3%，第一产业增长4.0%的假设条件下，第二产业必须增长8.1%左右，而GDP需要增长7.9%（见表2）。因此，如果我们要将2014年就业设定目标区间为1200万~1300万，那么GDP增速的区间就应当设定在7.1%~7.9%。如果取平均数的话，2014年的经济增长目标不应当设定在7%，而应当是7.5%。

表2　2014年三类产业增速及就业创造效应预测（以服务业8.3%为基础）

	第一产业	第二产业	第三产业
GDP占比（%）	9.5	43.5	47.0
增速（%）	4.0（推测）	8.1（只要达到）	8.3（假设）
新增就业（万）	——	350	830
合计城镇新增就业（万）	1300		
GDP增速（%）	7.9		

2. **对于收入增长的要求**

“大改革”的合法性和群众基础建立在大多数民众在改革中获得福利的改进，最为核心也最直观的指标就是收入的增长。民众收入的提升，能够使“大改革”获得更多的支持，而收入增速的回落就会带来更多相关利益者对改革的反对。中国过去 35 年中的两次大改革之所以能够快速推进，不仅与邓小平同志的政治权威有关，更重要的是相关改革马上带来了民众收入的快速提升。

> “大改革”的合法性和群众基础建立在大多数民众在改革中获得福利的改进，最为核心也最直观的指标就是收入的增长。

图 1　“大改革”都需要收入增速提升的支持

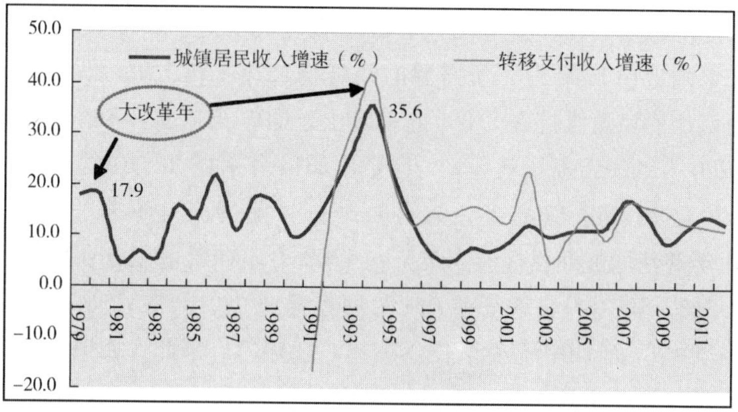

1978 年的改革使 1979 ~ 1980 年的城镇居民收入增长 17.9%；1992 ~ 1993 年的改革带来 1994 年城镇居民收入增长达到历史最高点 35.6%；2013 年改革的呼声达到高点，不仅与宏观经济深层次的各种矛盾显化有关，也与 2013 年居民收入增速回落密切相关——1 ~ 9 月中国居民实际收入增速较 2012 年同期下滑了 3 个百分点。因此，政府要赢得 2014 年大改革开局之年的顺利进行，必须遏制居民收入增速回落的趋势，使收入增长速度有一个明显的反弹。

> 政府要赢得 2014 年大改革开局之年的顺利进行，必须遏制居民收入增速回落的趋势，使收入增长速度有一个明显的反弹。

如何才能使收入增速有明显反弹？

第一，GDP 增速不能有明显回落。如果 GDP 增速回落在 7% 以下，那么居民从初次分配中获得的收入实际增速应当会低于 7%。

第二，收入分配改革力度应当有所强化，加大转移支付的力度。1993 年大改革之后，1994 年居民收入中来自转移支付的收入增长了 41.4%。

第三，工资形成机制改革应当是重点。

在农民工工资持续市场型上升的环境中，适度提高公务员和事业单位人员的工资十分重要。这是关系到政府职能转变、反腐倡廉以及各项政治改革成败的一个重要的因素。因为在这些改革中，权力的重构可能导致很多公务员和事业单位人员受损，要弱化他们对于改革的反对，建立适度的补偿机制是十分必要的。

在这些改革中，权力的重构可能导致很多公务员和事业单位人员受损，要弱化他们对于改革的反对，建立适度的补偿机制是十分必要的。

3. 对于财政支出的要求

每次“大改革”都需要宽松财政的配合，其核心原因在于以下几个方面：一是大改革需要建立补偿机制来缓解改革的阻力；二是需要宽松的财政政策定位，来对冲改革带来的经济下行压力。从过去两次大改革的经验也证明了这种理论判断，1978 年财政决算支出增长了 33%，1993 年增长了 24.8%。2014 年中国财政不仅在政府公务员和事业单位员工收入增长下功夫，同时还必须考虑地方投融平台改革、土地制度改革、税制调整等因素带来的地方非预算内政府隐性支出的减少。2013 年 1 ~ 10 月财政支出增速仅为 10%，比 2012 年同期下滑了 9.6 个百分点，财政政策在本质上偏紧。2014 年必须全面改变这种格局，中央财政支出速度和财政赤字应当适度提高。

2013 年 1 ~ 10 月财政支出增速仅为 10%，比 2012 年同期下滑了 9.6 个百分点，财政政策在本质上偏紧。2014 年必须全面改变这种格局，中央财政支出速度和财政赤字应当适度提高。

图 2　“大改革”期的财政支出增长都很快

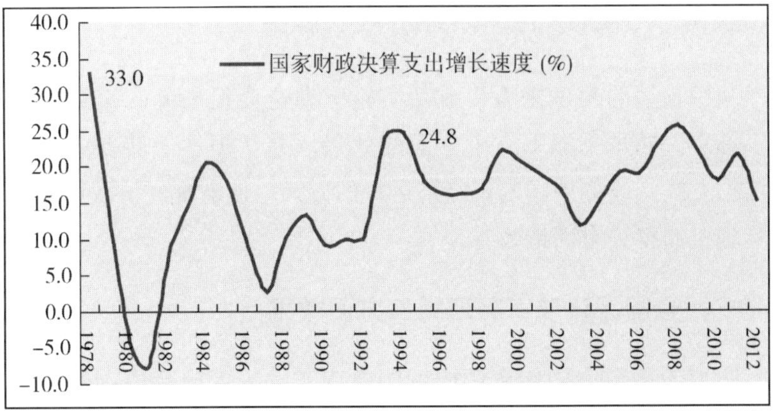

4. 对于货币政策的要求

如何界定2014年货币政策，以及如何配合价格改革和金融改革的推出？都是货币政策当前重点考虑的问题。从价格形势来看，价格改革必然要推高2014年CPI和GDP平减指数，因此，CPI的区间可能比正常模型预测的3.2左右水平要高。为了给价格改革留有空间，CPI调控的目标值应当定在3.5%。在通常情况下，该目标值与7.5%的GDP增速目标一起决定的M2增长率目标应当在12%~14%。但考虑到金融改革在利率市场化的同时要强化监管，存款利率的上扬和存贷利差的缩小可能导致货币流通速度减缓，所以M2增速的目标可以在正常目标值区间的上限部分，即2014年M2可确定在13.5%~14.5%（见表3）。

表3 “大改革”所需要的宏观政策目标选择

参数	可行的目标区	建议目标值
就业	1200万~1300万	1250万
GDP	7.1%~7.9%	7.5%
CPI	3%~3.5%	3.5%
M2	12%~14%	13.5%~14.5%
财政赤字率	1.5%~2.5%	2.5%

“大改革”引领下的中国经济增长趋势

从中长期的角度来看，成功实施三中全会提出的“全面深化改革”蓝图，将取得以下三个方面的效果，并从根本上转变中国的经济增长方式，改变中国宏观经济运行的方式，使宏观经济政策的框架和实施机制得到全面地改善。

一、全国深化改革将取得三方面效果

1. 将有效改变中国资源配置的效率，大幅度提高中国经济增长中TFP的贡献度，释放改革红利，改变目前粗放式的经济增长模式。

按照对中国经济增长 TFP 值的源泉分解和改革成功进行的假设，IMF 测算出各类改革对于 TFP 值的影响。其结果是，服务部门改革将使 TFP 对潜在增长水平贡献提高 1.1 个百分点，强化市场竞争的改革可以使 TFP 对潜在增长水平贡献提高 0.6 个百分点；而户籍改革可以使 TFP 对潜在增长水平贡献提高 0.4 个百分点（见图 3）。虽然这种测算只是一种方向性的，但资源配置优化所带来的可持续经济增长效果是十分明显的，这也间接证实了中国未来的经济增长可以依赖于“改革红利”。

资源配置优化所带来的可持续经济增长效果是十分明显的，这也间接证实了中国未来的经济增长可以依赖于“改革红利”。

图 3　IMF 测算的改革对于 TFP 影响明显

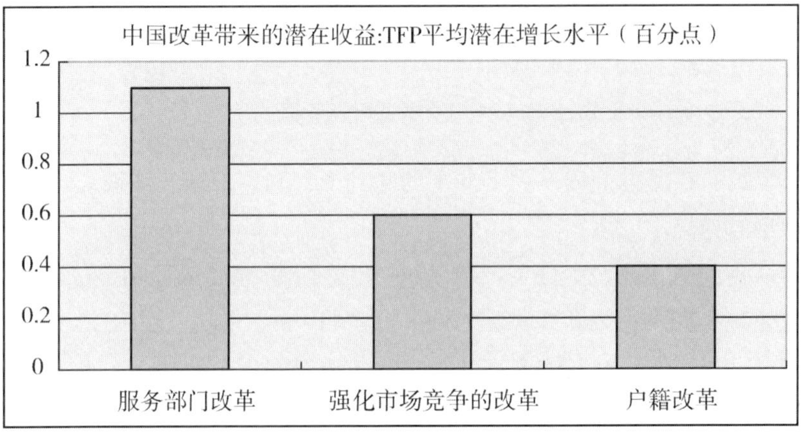

2. 将从根本上改变目前政府主导发展的模式，纠正“政府失灵”的问题，改变目前“信用－投资驱动型”经济增长模式带来的各种问题。

按照三中全会经济改革的核心就是“处理好政府和市场的关系，使市场在资源配置中起决定性作用和更好发挥政府作用”，“大幅度减少政府对资源的直接配置，推动资源配置依据市场规则、市场价格、市场竞争实现效益最大化和效率最优化。政府的职责和作用主要是保持宏观经济稳定，加强和优化公共服务，保障公平竞争，加强市场监管，维护市场秩序，推动可持续发展，促进共同富裕，弥补市场失灵”。同时，进行财税体系的改革，将从根本上改变目前分税制和政绩工程带来的各种问题，例如地方政府投资饥渴症以及地方有融资平台债务高筑等问题。这些改革将从根本上使经济增长的发动机全面转向市场主体，给市场更多的空间。

这些改革将从根本上使经济增长的发动机全面转向市场主体，给市场更多的空间。

3. 将从根本上改变宏观经济运行的模式，改变宏观经济政策的实施框架。

这集中体现在政府职能的全面转变，即从“投资型政府”、“干预型政府”向“服务型政府”和“法治政府”转变，各类管制型的调控将大幅度取消。同时，由于各类价格形成机制，全面市场化，例如利率、汇率、资源价格、服务价格以及土地价格，这将导致货币政策更多依赖于价格型管理手段；税制的改革、社会保障体系和公共服务改革，将全面改变政府财政的收支框架，重树政府财政的自动平衡机制。

二、预测未来十年中国经济增长趋势

我们在考虑上述三大类冲击的基础上，测算中国经济增长在未来十年的趋势。

我们的预测方法是：首先使用类似于 Wilson and Stupnytska（2007）、Perkins and Rawsk（2008）和 Lee and Hong（2010）的增长核算预测框架，对经济增长的预测分解为对资本、劳动力、人力资本和 TFP 这四方面增长动力的预测，之后借鉴 Maddison（2007）、Perkins and Rawsk（2008）和张延群等（2009）的预测思想，分析决定资本、劳动力、人力资本和 TFP 历史运动轨迹的主要因素在未来将发生何种变化，从而预测其未来走势对于历史运动轨迹的偏离。

1. 对未来中国经济的基准情形的设定

按照我们关于未来资本、劳动力、人力资本和 TFP 变化趋势的判断，将未来中国经济的基准情形设定如下：

（1）我国资本积累速度不断加快的趋势将会终止，资本增速将逐渐回落至长期均值水平：资本存量增速将在“十二五”时期由 2000～2010 年间 15.62% 的高平均增速下滑至 1990～1999 年间的平均增速 11.06%，并在“十三五”时期进一步下滑至 1979～1989 年间的平均增速8.29%。

（2）未来潜在就业人数的变化趋势与联合国（2010）所预测的劳动年龄人口变化趋势相同（相当于假设未来的趋势劳动参与率和自然失业率不变），即潜在就业人数增速由2010年的0.82%逐步下降至2020年的-0.21%。

（3）假设人力资本存量（趋势值）将延续1990~2010年时期的变化趋势，“十二五”和“十三五”时期的年平均增速分别较其上个时期下降0.075个百分点，分别达到0.73%和0.65%。

（4）TFP（趋势值）增速在2000~2010年已经大幅降低至历史最低水平2.2%，未来预计难以出现明显改观；但考虑到大改革所带来的TFP值的分类变化，以及中国依然属于发展较快的新兴市场经济国家，TFP增速进一步显著下降的可能性较小。因此假设2011~2020年间的TFP增速将保持在2.2%，这接近于Kuijs（2009）和Lee and Hong（2010）对同时期TFP增速所作的预测（分别是2.3%和2.36%）。

2011~2020年间的TFP增速将保持在2.2%，这接近于Kuijs（2009）和Lee and Hong（2010）对同时期TFP增速所作的预测（分别是2.3%和2.36%）。

2. 对悲观情形下偏离基准情形的设定

在对未来中国经济的基准情形设定的基础上，还需要设定偏离基准情形的悲观情形和乐观情形，以考察未来经济增速的下界和上界。

在悲观情形下，未来经济增速的下界和上界：

（1）资本存量增速在“十二五”和“十三五”时期分别较基准情形下降1个百分点。

（2）假设未来我国无法再维持以往的高劳动参与率，每年的潜在就业人数增速，较基准情形下降0.05个百分点。

（3）人力资本变化趋势同基准情形。在基准情形中，我国2020年的人均受教育年数，仍然远低于发达国家2011年水平，因此未来的人力资本增速应该不会显著低于基准情形。

（4）TFP增速将在“十二五”和“十三五”时期延续1979~1999年和2000~2010年这两个时间段之间的变化趋势，即年平均增速较上个时期下降0.3个百分点。

3. **对乐观情形下偏离基准情形的设定**

在乐观情形下，未来经济增速的下界和上界：

（1）资本存量增速在“十二五”和“十三五”时期分别较基准情形提高1个百分点。

（2）潜在就业人数的变化趋势同基准情形。因为即使是在乐观情形下，未来的趋势劳动参与率，也不可能在原有的高水平上再提高，自然失业率也不会出现显著改变。

（3）人力资本增速和TFP增速都可以保持1979～2010年的平均增速（此增速显著高于基准情形）。

4. **我国“十二五”和“十三五”时期经济增速预测结果**

基于上述对各种情形的设定，使用与陈彦斌等（2010）相同的增长核算公式可以得到，我国“十二五”和“十三五”时期的潜在平均经济增速将分别位于7.41%～9.49%和5.39%～7.8%区间，基准情形下的潜在增速分别是8.23%和6.5%（表4）。

我国“十二五”和“十三五”时期的潜在平均经济增速将分别位于7.41%～9.49%和5.39%～7.8%区间，基准情形下的潜在增速分别是8.23%和6.5%。

本文的预测结果在已有研究所显示的预测区间之内：与世界银行（2012）、Kuijs（2009）和张延群等（2009）所作的预测比较接近；较之Wilson and Stupnytska（2007）、Maddison（2007）、Lee and Hong（2010）、Eichengreen，Park and Shin（2011）的预测更加乐观，而相对于Fogel（2007）、Lin（2011）的预测结果则更加悲观（见表5）。

表4　2011～2020年潜在GDP增速预测（单位：%）

	1979～1989	1990～1999	2000～2010	预测					
				2011～2015			2016～2020		
				基准	悲观	乐观	基准	悲观	乐观
潜在GDP	9.68	9.69	10.54	8.23	7.41	9.49	6.5	5.39	7.8
资本	8.29	11.06	15.62	11.06	10.06	12.06	8.29	7.29	9.29
潜在劳动力	3.45	1.41	0.61	0.52	0.47	0.52	-0.14	-0.19	-0.14
人力资本（趋势值）	2.74	0.96	0.8	0.73	0.73	1.52	0.65	0.65	1.52
TFP（趋势值）	2.47	3.09	2.2	2.2	1.9	2.57	2.2	1.6	2.57

表 5　其他研究者对未来中国经济的主要预测结果

研究者	预测期间	预测值（%）
世界银行（2012）	2011～2015	8.6
	2016～2020	7
Lin（2011）	2011～2030	8
Eichengreen, Park and Shin（2011）	2011～2020	6.1～7
	2021～2030	5～6.2
Lee and Hong（2010）	2011～2020	6.09（基准情形）或 7（改革情形）
张延群、娄峰（2009）	2011～2015	8.3
	2016～2020	6.7
Kuijs（2009）	2010～2015	8.4
	2016～2020	7
Perkins and Rawsk（2008）	2006～2015	6～8
	2016～2025	5～7
Maddison（2007）	2003～2030	4.98
Fogel（2007）	2000～2040	8.4
Wilson and Stupnytska（2007）	2006～2015	7.7
	2015～2020	5.4

根据预测结果可以发现，未来我国经济增长的总体趋势是逐步放缓的：在没有出现重大经济波动的基准情形下，我国“十二五”和“十三五”时期的潜在经济增速较 2000～2010 年分别下滑 2.3 和 4 个百分点。即使是在较为乐观的情形下，“十二五”和“十三五”期间的潜在经济增速也将分别下滑 1.1 和 2.7 个百分点；而如果在较为悲观的情形下，则下滑幅度将分别高达 3.1 和 5.2 个百分点。

需要补充说明的是，从国际横向比较来看，未来我国经济增速仍

根据预测结果可以发现，未来我国经济增长的总体趋势是逐步放缓的。从国际横向比较来看，未来我国经济增速仍然处于较高水平，相对经济实力可以获得较快的提高。

然处于较高水平，相对经济实力可以获得较快的提高。如果将除我国未来经济增速以外的其他变量设定为《经济学人》杂志（2011）采用的预测数值，即将2011～2020年的美国经济增速设定为2.5%，人民币年均升值3%，中国和美国的年均通胀率分别设定为4%和1.5%，那么在基准情形下，中国的GDP总量将在2019年超过美国，成为世界第一大经济体；在乐观情形和悲观情形下则分别在2018年和2020年超过美国（见图4）。此外，基准情形下我国人均GDP在2019年达到13041美元（以2010年的不变美元计价），首次超过世界银行在2010年所设定的高收入国家标准，可以近似地认为步入高收入国家行列；在乐观和悲观情形下则分别是在2018年和2020年达到高收入国家标准（见图5）。

在基准情形下，中国的GDP总量将在2019年超过美国，成为世界第一大经济体；在乐观情形和悲观情形下则分别在2018年和2020年超过美国。

图4　中美GDP对比（单位：10亿美元）

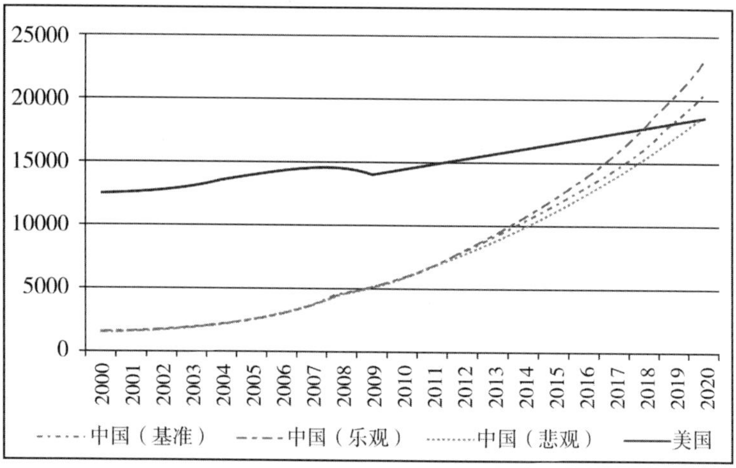

注：以2010年的不变美元计算。

图5　2011－2020年中国人均GDP（单位：美元）

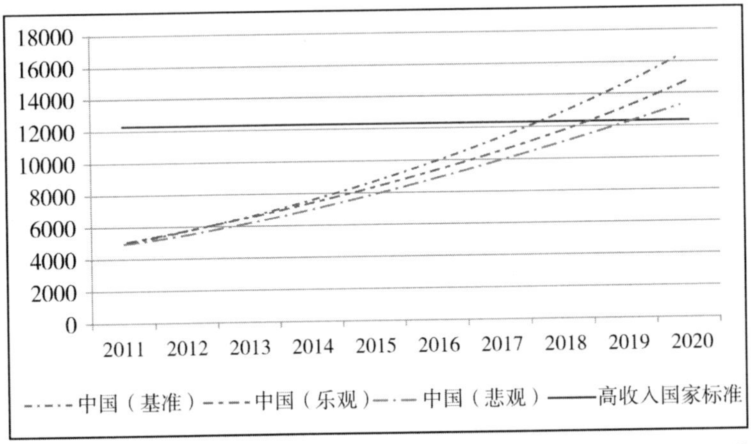

注：（1）高收入国家的标准采用的是世界银行2010设定的人均GNI数据，与人均GDP数据略有差别，可以用来大致作为富裕程度的参考。

（2）2011～2020年的人均GDP数据以2010年的不变美元计算的，因此与世界银行2010年设定的高收入国家标准具有较好的可比性。

（3）人口数据来自联合国人口数据库。

三、结论

通过上述分析我们可以看到，党的十八届三中全会出台的一系列全面深化改革决定，对于中国宏观经济中短期的影响十分剧烈。从短期来看，“大改革”将通过信心重振、“创造性破局效应”政策重新定位等渠道，对宏观经济各种变量产生不同程度的冲击，使2014年具有一定的不确定性。从中期来看，正确改革带来的改革红利开始全面显化，各种情形假设下的中国未来经济增长将步入到中高速阶段，并在未来十年内成功赶超美国。

全球背景下中国经济的又一轮增长

李 扬

核心提示

党的十八届三中全会后，中国经济处于增长速度换挡期、结构调整阵痛期、前期刺激政策消化期叠加的阶段。值此战略转型的关节点，宏观经济政策更应静观其变、平心静气、小心翼翼。

2007 年 3 月开始的全球金融危机，标志着完全以发达经济体为主导的全球化旧格局已渐入迟暮；在未来的全球发展中，发展中经济体和新兴经济体可望发挥更大的作用。

在这样一个翻天覆地的历史进程中，我们不仅要密切关注全球经济形势的变化及其对我国的影响，更应关注经过 30 余年高速增长之后，支持我国经济增长的产业结构和要素投入结构已发生变化，经济增长进入了一个新的次高的新平台。

当前，我国经济正处于增长速度换挡期、结构调整阵痛期、前期刺激政策消化期叠加的阶段。值此战略转型的关节点，我们的宏观经济政策更应静观其变、平心静气、小心翼翼。

全球危机步入“新常态”

李 扬
中国社会科学院副院长。

正在展开的本轮全球金融危机是一场非常深重的危机，其程度之深，堪比上世纪 30 年代危机和 70 年代危机。用长周期的眼光来分析此次危机，我们就会看到，危机之前，全世界曾经产生过资本主义历史上从来没有过的一个经济发展的上升阶段。这个阶段，从上个世纪

80年代末开始，一直到这次危机之前，长达近20年。其基本特征，就是高增长、低通胀、低利率同时并存。而且，同过去不同，此间，各类国家都获得相当程度的发展。发达经济体增长总体比较平稳，自不待言。新兴经济体，特别是亚洲的新兴经济体，其增长速度之高，持续时间之长，更令世界瞩目。在拉美地区，经历了70年代“失去十年”的困顿之后，各国经济也真正得到恢复和发展，现正方兴未艾。非洲地区尤其突出，自从民族独立之后，那里的经济一直没有经历过像样的增长，而在过去的20年中，非洲的增长开始进入正常轨道。

然而，危机之前全球长期增长的历史，也带来了一些误解。最大的误解就是，有些人误以为如今世界这么美好，都是资本主义制度带来的，以至于有“历史终结”的妄言。

历史并未因人们对其误读而改变自己的轨迹。长期繁荣之后，长期的衰退接踵而来。2007年开始的全球危机，结束了本轮经济长周期的上升阶段；至今虽已过去了6年，但仍无恢复的明显迹象。作此判断的根据有二：其一，导致危机发生的主要因素，即经济发展方式、经济结构、财政结构和金融结构的严重扭曲，基本依然故我；其二，在救助危机的过程中各国相继推出的超常规调控措施，在防止危机产生多米诺骨牌死亡效应的同时，也逐渐显现出巨大的副作用来。过度的货币供应、政府债台继续高筑、松懈的市场纪律，以及社会动荡愈演愈烈，便是其中最显著者。

因此，美国的财政、债务及经济危机，欧洲的债务和经济危机，以及日本的政府债务和经济危机等，都将长期持续。我们判断，5～10年后世界经济是否能够恢复正常轨道，还需要各国共同努力。

5～10年后世界经济是否能够恢复正常轨道，还需要各国共同努力。

这一判断在国际社会上可以找到诸多印证。例如，2013年2月在俄罗斯结束的G20财长及央行行长会议，就确认了这一趋势。会议公报称：“由于政策不确定、私人去杠杆化、财政拖累、信贷中介受损以及全球需求仍处于再平衡过程中，全球经济继续表现疲弱。”就是说，如果各国宏观政策不能回归稳定、私人去杠杆化进程未能最终完成、财政悬崖问题依然不能得到决定性缓解、金融功能不能真正恢复、各国间的国际收支尚未重归均衡，危机就将仍然继续。

上述因素的综合作用，使得全球经济进入了“新常态”。传统上，经济危机可能表现为连续若干年的负增长，但是，由于大剂量的调控政策被强力推出，现阶段的危机并不表现为负增长，而是表现为经济增长在低水平上波动、全球流动性过剩、大宗产品价格和资产价格变动不居、贸易保护主义升温、地缘政治紧张等等。我们应当学会在这种新形势下生活。

现阶段的危机并不表现为负增长，而是表现为经济增长在低水平上波动、全球流动性过剩、大宗产品价格和资产价格变动不居、贸易保护主义升温、地缘政治紧张等等。我们应当学会在这种新形势下生活。

新的“货币战争”已然开始

危机既然在持续，各国间为争夺最好的恢复条件的明争暗斗自然盛行。在此情势下，新的“货币战争”事实上已经开始，我们可以从“量”和“价”两个角度，清楚地观察到它的产生和发展。

就量而论，为应对国际金融危机，全世界的货币当局几乎都在印钞票“放水”：美联储 4 次数量宽松在前；欧洲央行启动最后贷款人机制随后；安倍政府立足未稳，日本央行便在其胁迫下，在不到 2 个月的时间内，使日元对美元汇价下降 7%，对一揽子货币汇价更急降 20%；中国亦未“免俗”，自 2009 年推出 4 万亿投资以来，一直受困于货币信贷供给过多——M2 走势重攀高位并一路上升，形成令人生畏的“堰塞湖”。再加上密如蛛网的各国央行间的货币互换，这个世界实际上已经处在货币泛滥的洪水之中。但是，为了解救危机的燃眉之急，各国政府依然热衷于放水，大有“我死之后，哪管洪水滔天”之势。这些事实说明，新的货币战争事实上已经开始，不过是采用了新的形式，凭借新的借口而已。

就价而言，在各国竞相实施数量宽松货币政策的条件下，各主要国家货币间的汇率也变动不居，出现了竞争性贬值趋势。汇率变动，因此成为影响各国经济发展的不稳定因素之一。

中国经济增长开始结构性减速

曾经有一种说法，认为世界各国均陷入程度不同的危机之中，唯有中国风景独好。现在看来，这种看法过于简单化了。认真分析本世纪以来中国经济增长的实绩及其变化趋势，我们倾向于认为，自2008年开始，中国连续30余年、年均近10%的高增长阶段已经基本结束，国民经济落入一个新的次高速增长的平台。

特别需要指出的是，中国的经济减速，是经济增长结构发生变化的结果，是一个发生在实体经济层面上的自然过程，我们无法通过政策调整来改变它。

> 中国的经济减速，是经济增长结构发生变化的结果，是一个发生在实体经济层面上的自然过程，我们无法通过政策调整来改变它。

众所周知，经济增长是由多种因素以某种方式组合起来共同发生作用的结果，此即经济增长的结构问题。在支撑经济增长的诸结构中，最重要者，当推生产要素结构和产业结构。正是这些结构的变化，使得中国经济增长进入了新的时期。

过去30余年，中国产业结构变化的基本趋势是：一产比重下降，二产（特别是制造业）比重迅速提高，三产份额缓慢增长。这对应的是我国的工业化过程。这一进程的本质，就是大量的劳动人口和资源从劳动生产率较低的一次产业即农业、种植和养殖业等产业中，向劳动生产率较高的二次产业即制造业和建筑业转移。由于二产的劳动生产率远高于一产（在中国，制造业的劳动生产率相当于农业的10倍），这种转移便意味着经济整体的劳动生产率日益提高，经济增长速度因之加快。此即“结构性增速”。但是，经过30余年的发展，我国二产已趋饱和，人口和资源开始向以服务业为主的第三产业转移。然而，研究显示，中国服务业的劳动生产率远远低于制造业（在劳动生产率最高的上海，前者只相当于后者的70%）。基于这样的差异，当越来越多的人力和资源从制造业转移到服务业之时，中国经济整体的劳动生产率必将下降，由之决定的经济增长速度也必然下滑。

再看生产要素结构的变化。劳动、资本和技术进步，是支撑经济发展的主要生产要素。在过去30余年中，每年高达1000万人的劳动投入增长，是支撑我国高速增长的主要因素。但是，随着转移人口日趋下降，随着人口老龄化日趋严重，劳动投入的增长率将趋下降，摩擦性失业和结构性失业也将长期并存。就资本投入而言，过去30余年，中国的资本投入增长率是逐年提高的，然而，近年来，人口日趋老龄化、传统工业化接近尾声、以及消费率的缓慢提高，已经导致中国几十年高悬的储蓄率趋于下降。这使得无通货膨胀的资本投入亦呈逐渐下降之势。技术进步的动态仍然令我们失望。我们希望技术进步能发挥积极作用。但是，资本回报率低、技术进步缓慢，一直是我国经济的痼疾，至今未见显著变化。总之，劳动力和资本投入增长率下降，技术进步缓慢，这三个因素叠加，导致未来我国的经济增长趋于下降。

劳动力和资本投入增长率下降，技术进步缓慢，这三个因素叠加，导致未来我国的经济增长趋于下降。据中国社会科学院宏观经济运行实验室的预测结果，2011～2030年，中国的潜在增长率将会呈现出不断下降的趋势。

潜在增长率构成未来我国现实经济增长的基准。据中国社会科学院宏观经济运行实验室的预测结果，2011～2030年，中国的潜在增长率将会呈现出不断下降的趋势（见表1）。

表1　中国潜在增长率预测

	α	1－α	潜在增长率（%）	资本增长率（%）	劳动增长率（%）	技术进步份额	节能减排冲击效应
2011～2015	0.7	0.3	7.8～8.7	10～11	0.8	0.2	－1
2016～2020	0.6	0.4	5.7～6.6	9～10	－1	0.3	－1
2021～2030	0.5	0.5	5.4～6.3	8～9	－0.5	0.4	－0.5

资料来源：中国社会科学院宏观经济运行实验室。

经济减速不可怕，关键要提高效率

断定中国经济进入结构性减速时期，虽然听起来不那么令人振奋，但考虑到结构性减速为我国转变经济发展方式和调整经济结构提供了新的压力、动力、机遇和空间，这一变化是值得欢迎的。

过去30余年中国经济的高增长，是世界历史上绝无仅有的奇迹。但是，30余年高速增长波澜起伏，期间还经历了90年代亚洲金融危机和2007年开始的全球金融危机的冲击，我们的增长也付出了不可忽视的代价：结构失衡、产能过剩、效益低下、环境污染等等，便是其中最显著者。如此等等，使得中国百姓享受到的经济增长成果大打折扣，福利水平和生活质量更难得到与GDP增长率同步的提升。这些代价，便是中国经济增长的水分。

我们的增长付出了不可忽视的代价，使得中国百姓享受到的经济增长成果大打折扣，福利水平和生活质量更难得到与GDP增长率同步的提升。这些代价，便是中国经济增长的水分。

现阶段我国经济增长中的水分，主要体现在投入产出的效率降低上。

从投入看。以GDP来衡量，目前我国已成为世界第二大经济体，但为此付出的代价也极为巨大。长期以来，我们的经济增长，主要是依靠相当于GDP一半的高投资以及接近GDP10%的净出口支撑着的，仅此一端，便使我国经济增长的成本位居世界前列。如果把生态环境等外部影响也视为“投入”，我们为增长付出的成本更高。中国社会科学院数量经济与技术经济研究所课题组2012年测算表明，20世纪80年代至90年代，我国生态退化和环境污染带来的经济损失约相当于GDP的8%。2005年以来，这一数字虽不断下降，到2011年，仍然高达4%左右。若扣除生态退化与环境污染造成的经济损失，我国的真实经济增长速度便仅有5%左右。

从产出看。对于我们这种典型的投资拉动型经济，增长中是否存在水分，关键要看投资能否形成有效供应。如果投资变成“胡子工程”甚至是“豆腐渣工程”，与这部分投资对应的增长率就是水分。更有甚者，一些投资固然形成了现实生产能力，但生产出来的产品卖不出去，形成规模日大的流通库存，并进而迫使业已形成的生产能力长期闲置。与这样一些流通库存和过剩生产能力相对应的产值，同样构成经济增长的水分。近年来，我国产能过剩形势日趋严峻，传统产业的产能大面积过剩已是痼疾，即使是新兴产业，产能过剩的增长势头也令人担忧。统计显示，当前我国产能利用率平均已低于80%，有些产业甚至低至70%。按照85%～90%系正常水平的国际标准，我国目前的产能利用率已接近危险水平，有的行业已进入破产的境地。应当说，产能过剩已经形成阻碍经济健康发展的“死荷重”。

当前我国产能利用率平均已低于80%，有些产业甚至低至70%。按照85%～90%系正常水平的国际标准，我国目前的产能利用率已接近危险水平，有的行业已进入破产的境地。

将投入和产出对比起来分析，便形成评判经济增长效率和质量的综合指标。经济学意义上的效率，指的是以最小的投入得到既定的产出，或以既定的投入获取最大的产出。近年来，在增长至上的激励机制下，各地对增加投入普遍高度重视，但很少顾及产出的数量和质量，更忽略了投入和产出之间的效益联系。这样做的必然结果，就是伴随经济增长率的高悬，我国的经济效益提高缓慢，甚至有所下降。中国全社会的增量资本产出比的数据，清楚地刻画了这一变化的轨迹。改革开放以来，我国增量资本产出比经历了两个阶段的变化，第一阶段是1979～1995年，平均为2．3%；第二阶段为1996－2011年，平均为3．5%；后一阶段竟比前一阶段上升了52．2%！与相似增长阶段的发达国家比较，中国现阶段增量资本产出比明显偏高，如上世纪50年代至70年代的日本，其增量资本产出比基本维持在2．0的水平，此后则缓慢下降。

显然，过去30余年中国经济增长虽然长期居于高水平，但速度过快，难免“泥沙俱下”，其中包含的水分不可小觑。如此，倘若我国经济在增长速度下降的同时，大大压缩了其中包含的水分，换言之，如果增长速度之下降换来了效益的提高和质量的改善，那么，我们经济增长将更为真实，人民将因此得到更多的福祉。这种变化并不可怕，反而是值得欢迎的。

我们必须清醒地认识到：发达经济体和发展中经济体之间，客观地存在着劳动生产率的差距；这种差距在根本上决定了两类国家的经济差距。因此，所谓发展问题，所谓赶超问题，所谓超越“中等收入陷阱”问题，实质上可归结为缩小两类经济体之间劳动生产率的差距问题。因此，比过去稍慢但质量和效益均有所提高的增长速度，恰恰体现了科学发展观的根本要求，也恰为我们穿越中等收入陷阱，提供了切实的物资保证。

发达经济体和发展中经济体之间，客观地存在着劳动生产率的差距；这种差距在根本上决定了两类国家的经济差距。

新阶段必须调整宏观调控思路

国际金融危机的不断深化以及应对危机手段之捉襟见肘，使得在上个世纪后20年已被视为敝屣的凯恩斯主义需求管理卷土重来，货币扩张几乎是各国宏观政策的不二选择。

凯恩斯主义产生于上世纪30年代的大萧条，它在防范危机恶化，从而避免产生多米诺骨牌死亡效应方面，确有明显效果，但是，凯恩斯主义的政策工具着眼于短期，其药方的疗效或属饮鸩止渴，或属麻醉缓释，它并不能从根本上救助因长期结构性失衡所造成的大危机。

首先，需求管理在总量扩张上能发挥作用，但对于结构转型与结构优化所起作用甚微。如今全球各大经济体陷入危机，其根本原因还在于深层的结构性问题。比如，美国的货币扩张并没能使得依靠私人消费需求支撑增长的方式有多大改变，而中国的总量扩张，也有导致结构进一步扭曲的副效用，例如产能过剩问题、单位GDP能耗上升等等，在近年来事实上进一步恶化了。其次，全球需求刺激政策已经走到末路。一则，由于需求管理政策长期过度使用，其效率已然递减，恰如强弩之末；二则，需求刺激政策的潜在风险由微而著。再次，从国际范围看，单纯的需求扩张，极易引发贸易战、货币战，损人且不利己。

> 如今全球各大经济体陷入危机，其根本原因还在于深层的结构性问题。

因此，如果我们判断当前全球危机的本质是实体经济层面的结构性失衡、发展方式偏颇和创新能力缺失，如果我们认定转变经济发展方式和大力发展实体经济，构成我国未来10年甚至更长时期发展的真正基础，那么，我们的宏观政策就要及早转型，需求管理应当缓行、慎行，而供给面的体制机制调整则应尽快进行。

习近平总书记强调，加快推进经济结构战略性调整是大势所趋，刻不容缓。我们认为，在当今世界上，哪一个国家的宏观政策及早向供给管理转型；政策重点尽快由短期的救市和维稳，转向效率的提升和增长潜力的提高，哪一个国家就能更快地调整好自身结构以适应全球发展新格局，也就能在新一轮的全球经济竞赛中胜出。

宏观稳定，微观搞活

着眼于调整结构，为未来经济增长培育后劲的宏观经济政策，可概括为“宏观稳定、微观搞活”。这种政策转变的核心便是，从关注需求管理转向关注供给机制的培育，转向关注激励、效率、竞争、生产率以及资本形成等这些有利于提高潜在产出的因素。

> 政策转变的核心是，从关注需求管理转向关注供给机制的培育，转向关注激励、效率、竞争、生产率以及资本形成等这些有利于提高潜在产出的因素。是一套放松管制的政策体系和激发市场活力的改革安排。

显然，关注供给、关注结构调整的宏观经济政策，是一套放松管制的政策体系和激发市场活力的改革安排。它旨在通过降低市场准入门槛、降低税负、降低融资成本等一系列体制机制改革，激发企业主体的活力；通过解除各种刚性的体制机制约束，提高要素市场（劳动力市场、资金市场、土地市场）效率，借以提高整个经济的竞争力。

今后，我国宏观调控的主要任务之一，就是有效解决我国的产能过剩问题，而解决产能过剩的政策工具，也应通过改革，主要从供给方寻找。

其一，从产能过剩的表现来看，更多是由于供给过剩而非需求不足。目前，一些传统产业以及新兴产业所出现的产能过剩，从投入产出角度看，是有了大量投入，却形成了一些无效的或过剩的产能。

其二，从产能过剩产生的原因来看，尽管有周期性因素影响，但更主要是体制性的、供给面的原因。一些企业（特别是那些有政府背景的企业）在扩张过程中，不计成本、不顾后果、盲目扩张、重复建设，这是导致产能过剩的主要因素。有人说，重复建设在市场经济中也是正常现象，但需要注意的是，在市场经济中，盲目投资、重复建设造成的损失是由企业自己来埋单的，而在中国目前这种情况下，造成的损失可能最终由政府特别是中央政府来埋单，因此，一些企业或地方政府在投资决策时就会更加“大胆”，他们会通过给土地、赠与矿产资源、低价甚至免费的方式推动投资，使其投资行为发生扭曲。我院的一项经验研究表明，产能过剩较严重的地方，恰恰是政策倾斜区域和扶持性产业。

其三，从治理产能过剩的思路看，要想从根子上解决产能过剩，还需要供给管理的思维。过去我们主要通过上项目，增投资来解决产能过剩问题，这或可因新投资需求的出现而暂时缓解当前的产能过剩，但会导致未来新一轮规模更大的产能过剩。鉴于此，我们必须摒弃以创造新的投资需求来消弭过剩产能的传统做法，应通过减少政府的干预，充分发挥企业和市场的作用，来最终抑制我国产能的盲目增长。

稳妥应对美联储的“量宽”退出

2013 年夏天，美联储宣称将渐次退出其数量宽松政策，在全球“吹皱了一池春水”，引起各国当局剧烈躁动。随后，美联储又宣布暂缓退出数量宽松政策，市场预期再次出现混乱。

美联储的货币政策动态确实值得高度关注，因为，在美元主导的国际货币体系下，美联储事实上在制定并执行着全球的货币政策。但是，美联储货币政策的影响既深，影响渠道也相当复杂，因此，评估量宽退出的全面影响，既要厘清其可能采取的形式和渠道，也需要结合国际形势发展和各国国情。

要评估量宽退出的效果和影响，首先还须对量宽及其影响进行分析。

客观地说，面对本轮危机，各国共同行动，尤其是共同采取宽松货币政策，是充分汲取上世纪 30 年代的宏观调控教训的老成之举。这些政策，对稳定全球经济发挥了积极作用。虽然危机并未因此而逝去，危机的最恶劣的影响却显然被避免了。据 IMF 研究，美联储的数量宽松政策可能已使美国长期债券收益率下降超过 100 个基点，所带动的全球产出增长高于 1%。这意味着，当全球经济可能陷入大萧条之时，以美国为首的数量宽松货币政策发挥了降低市场不确定性和稳定局面的积极作用。

当然，宽松货币政策也不可避免地带来了一些负面影响。为未来通货膨胀积累了潜在的货币基础，是世所公认的弊端。但这实在只是浅表现象。影响更为深远的负面作用是，它纵容（利用）了新兴经济体的失衡，使其可以通过投资大于储蓄的经典路径，维持经济较快增长。据IMF的估计，2009年量化宽松政策推出后，新兴市场累计资本流入近4万亿美元。显然，一旦这些资本撤出，如近几个月显示的那样，新兴经济体的经济失衡状况将进一步恶化。近期印度尼西亚、印度、巴西、土耳其等国出现的问题，就是明证。

应当看到，数量宽松货币政策是一次规模巨大的市场干预，美联储的资产负债表因此而扩张到了3．5万亿美元，其对经济社会的影响本就全面、广泛而复杂。如今的量宽退出，或许会面对更为复杂的情况。从3．5万亿美元巨额资产负债表逐渐回缩，这将是一个中长期的过程。在此期间，美联储不仅要维持债券市场的稳定，恢复其正常结构，还要尽量保持其他金融市场的供求平稳。加之，几年来，美联储数量宽松货币政策工具繁多，可能的操作组合也相当复杂，较容易产生政策的不透明性和市场的误解，这一切都会加大全球金融市场的波动，使得其退出过程存在极大的不确定性。因此，即使美国实施量宽退出，其过程也是渐进的，一切要视美国经济以及全球经济的走势而定；另外，日本的“安倍经济学”正在兴头上，欧洲为巩固前一段治理成效，短时间也不会大收紧。

美国量宽退出的对中国经济的负面影响不宜被夸大。大家担心量宽退出有不利影响，主要是担心国内资本会因此而大规模流出。这种看法至少是片面的。

美国量宽退出对中国经济的负面影响不宜被夸大。首先，现在大家担心量宽退出有不利影响，主要是担心国内资本会因此而大规模流出。这种看法至少是片面的。而且，在我看来，即便出现这种状况，也未必一定是坏事。

其一，如果说量宽政策的推出，曾导致大量资本流入中国，使得我们积累了大量外汇储备，因此而增发了大量货币，致使我国货币政策完全被外汇储备的动态所绑架的话，如今，倘若中国出现资本外流，那也会产生纠正国内金融结构的正向影响，其总体效果，是理顺国内金融结构，使得货币政策操作回归正常结构和平台。

其二，如果量宽政策退出确实导致一些资本外流，我认为也不一定是坏事。因为，一定规模的资本外流，对国内而言是启动去杠杆过程，它是挤泡沫的一个积极过程。这种市场清理机制是结构调整的一个重要组成部分。尽管这种清理是有代价的，甚至会导致一些企业倒闭，但其长期效果肯定是正向的。

其三，量宽政策退出意味着美元供应将不断收紧，其汇率将趋于走强。如此，最可能的结果，是导致用美元定价的大宗商品价格下降，这将有利于降低我国企业的生产成本，提高利润水平，也有利于巩固经济增长的企稳势头。

总之，一旦美国实施量宽退出，中国可能不会出现大规模资本流出的现象。退一步说，即便出现大规模资本流出，我国外汇管理或许需要因此采取一些对冲政策，但其对我国金融体系和经济体系的总体影响，或许还是正面的。当然，正如我们近年来应对外汇储备连年巨额流入而采取各项对冲措施是多样化和综合化的，应对外汇储备的流出，也需要多样化和综合化的政策组合，其间的不确定性和因此引致的国内金融市场波动，也会使得这个过程存在极大的不确定性。因此，我们真正需要关注的，首先是量宽政策退出导致国际资本流动在方向上和规模上出现急剧变化，以及因此而引致的国内资本流动方向和规模的变化及其不确定性。需要提醒的是，亚洲金融危机前，危机国家均爆发了程度不同的流动性泛滥，这种状况与日本采取数量宽松政策，在亚洲地区形成大量息差交易（carry trade），密切相关。这一次，我们必须坚决防止这种现象发生。

其次，应当考虑到国内正在推进金融改革，应把国内改革节奏与这个不确定的外部冲击因素统一起来考虑，防止出现风险叠加，从而积极推进国内金融改革。

我们真正需要关注的，是量宽政策退出导致国际资本流动在方向上和规模上出现急剧变化，以及因此而引致的国内资本流动方向和规模的变化及其不确定性。

做好上海自贸区这篇大文章

2013 年 9 月 27 日，国务院正式发布中国（上海）自由贸易试验区总体方案。这标志着中国的对外开放进入崭新阶段。

改革和开放，一直是推动中国特色社会主义建设，支撑中国经济取得世所瞩目伟大成就的两大因素。就两者关系而论，以开放促改革，则始终是一条比较清晰的路线图。此次上海自贸区的试验方案，进一步强调了改革与开放之间彼此促进、相辅相成的关系。因此，方案的发布，也宣布了中国新一轮改革进程的启动。

过去的 33 年，中国的对外开放，大致经历了三个可识别出明显区别的递进阶段。

1980 年，始以建立深圳等四大经济特区，继以建立沿海对外开放带，直至浦东开发开放，中国坚定地迈出了对外开放的步伐。从那时至中国正式加入 WTO，是中国对外“政策性开放”时期。其基本特征，就是我们主动地选择若干领域、地区和产业，主要采取特殊优惠政策的方式，有选择地引进国外资金、技术、管理和市场，逐步建立起出口导向的经济体系。

经历长达 13 年不懈努力，中国于 2001 年年底正式加入 WTO，开创了对外“制度性开放”的时代。这一时期的基本特征，就是中国全面接受了一套由发达经济体预设的规则、体系、做法和“最佳实践”，全面融入全球化的世界经济体系，同时，在过去长期实施“引进来”战略的基础上，中国的企业开始走向世界。

此次上海自贸区建设的启动，应视为中国对外开放的新阶段。它站在过去十年全面实施制度性开放的高台上，设定了“全面建设开放型经济体”的更为宏伟的目标，以期保证中国稳步成长为在国际社会中发挥重大作用的大国，为增进全人类的福祉贡献力量。

建立上海自贸区，也是我国应对“世情”重大变化的战略举措。这个世情，就是全球治理体制的变化。

> 建立上海自贸区，是我国应对“世情”重大变化的战略举措。这个世情，就是全球治理体制的变化。

自 1995 年世界贸易组织成立以来，续有 20 多个国家加入了该组织。然而，新兴经济体的相继加入，固然强化了发达经济体主导的经济全球化格局，但也对国际经济秩序施加了潜移默化的影响，使之逐渐向有利于新兴经济体的方向发展。这使得发达经济体感觉到，

WTO作为全球战略工具的价值，显然较预期要小得多。

于是，G20开始受到他们的青睐。利用这个平台，发达经济体一方面可以重新开设其感兴趣的议题，另一方面可以回避由157个成员组成的难以掌控的WTO格局，在较小的治理平台上发挥掌控力。于是我们看到，在G20平台上，人民币汇率、贸易顺差、低消费、高储蓄等一系列中国国内问题，被与全球经济再平衡的责任密切联系，成为打压中国的工具，为发达经济体重新塑造国际分工体系张目。但是，毕竟无可奈何花落去，发达经济体借G20打压中国的目标亦未如愿。

面对新形势，发达经济体日益显示出其改变全球治理模式的趋向。自2011年年底开始，“跨太平洋伙伴关系协定（TPP）”、“跨大西洋贸易与投资协定（TTIP）”、“多边服务业协议（ PSA）”、“日欧经济伙伴关系协定”以及近日“欧加自由贸易协定”等相继推出，再清楚不过地表明，发达经济体作为一个集体，已经不满于目前的全球化模式及其运行规则；为了夺回全球治理的主导权，他们正结成新的“神圣同盟”，力图树立新规。

> 发达经济体作为一个集体，已经不满于目前的全球化模式及其运行规则；为了夺回全球治理的主导权，他们正结成新的“神圣同盟”，力图树立新规。

这些“新规”均将中国排除在外，因此具有明显的针对中国的战略意图。这对我国的未来发展形成严峻的外部压力。

上海自由贸易区建设的启动，清楚地表明了我国政府应对上述新变化的积极态度，展示了中国政府应对国际经济新格局的主动战略：一方面，我们将主动要求参加正在形成中的各项新规的谈判过程；另一方面，我们选择中国领土上的一个最重要的区域，尝试试验TPP等新规中的合理规则，“实现以开放促发展、促改革、促创新，形成可复制、可推广的经验，服务全国的发展”。

因此我们可以说，上海自贸区建设的启动，同时也是我们应对国情变化的战略举措。我们希望经过两至三年的改革试验，通过金融服务、航运服务、商贸服务、专业服务、文化服务以及社会服务领域的扩大开放，积极推进服务业扩大开放和外商投资管理体制改革，加快探索资本项目可兑换和金融服务业全面开放，力争建设成为具有国际水准的投资贸易便利、货币兑换自由、监管高效便捷、法制环境规范的自由贸易试验区，营造有利于各类投资者平等准入的市场环境，争取在上海率先建立符合国际化和法治化要求的跨境投资和贸易规则体系，使试验区成为我国进一步融入经济全球化的重要载体，成为我们试验使用“负面清单管理”，全面改革政府监管模式的重要平台，并以此为基础，进一步推动中国国内的经济改革。

延伸 | Extended readings

新十年宏观调控的“四减四加”

卢 锋

核心提示

实现“科学的宏观调控”目标，需要从“四减四加”入手。市场经济体制健全成熟之日，也就是科学宏调目标实现之时。届时“宏观调控”这个体制转型期的特色名词，其中带有计划体制遗迹的“控”字或许会被扬弃，最终采取“宏观调节”或“宏观管理”之类表述。

与历次改革决定一样，改进宏观调控也是党的十八届三中全会改革决定涵盖的重要内容之一。决定把“科学的宏观调控”看作是“发挥社会主义市场经济体制优势的内在要求”之一，指出“宏观调控的主要任务是保持经济总量平衡，促进重大经济结构协调和生产力布局优化，减缓经济周期波动影响，防范区域性、系统性风险，稳定市场预期，实现经济持续健康发展”。

决定要求“健全以国家发展战略和规划为导向、以财政政策和货币政策为主要手段的宏观调控体系，推进宏观调控目标制定和政策手段运用机制化，加强财政政策、货币政策与产业、价格等政策手段协调配合，提高相机抉择水平，增强宏观调控前瞻性、针对性、协同性”。

卢 锋
北京大学国际发展研究院副院长。

一、宏观调控的历史与现实

从历史看，国家在计划体制下全面控制国民经济和社会生活，有全局与局部之分，却无宏观与微观之别。宏观调控理论与实践是改革时代产物。

1987 年，党的十三大提出“有计划商品经济”概念，要求“逐步健全以间接管理为主的宏观经济调节体系”。1992 年，党的十四大确立社会主义市场经济体制目标同时，第一次提出宏观调控命题，“使市场在社会主义国家宏观调控下对资源配置起基础性作用”，要求“健全科学的宏观管理体制与方法”。

1992 年，党的十四大确立社会主义市场经济体制目标同时，第一次提出宏观调控命题，“使市场在社会主义国家宏观调控下对资源配置起基础性作用”，要求“健全科学的宏观管理体制与方法”。

党的十四届三中全会的体改决定阐述了宏调目标和方法，指出：“宏观调控的主要任务是：保持经济总量的基本平衡，促进经济结构的优化，引导国民经济持续、快速、健康发展，推动社会全面进步。宏观调控主要采取经济办法，……建立计划、金融、财政之间相互配合和制约的机制，加强对经济运行的综合协调。”

党的十六大以来，更多强调“完善宏观调控体系”，要求“发挥国家发展规划、计划、产业政策在宏观调控中的导向作用，综合运用财政、货币政策，提高宏观调控水平”。

由此可见，这次党的十八届三中全会宏调方针所表述的新意，明确了以财政和货币政策作为主要宏调手段，提出了宏调目标制定和实施机制化，体现决策层宏调理念的重要创新。针对后危机时代形势演变，要求“形成参与国际宏观经济政策协调的机制，推动国际经济治理结构完善”，显然这也是全新表述。提到“科学的宏观调控”，折射高层意识到需系统反思与应对这个复杂问题。

党的十八届三中全会宏调方针所表述的新意，明确了以财政和货币政策作为主要宏调手段，提出了宏调目标制定和实施机制化，体现决策层宏调理念的重要创新。

成熟的市场经济，宏观政策对象主要指总需求管理与稳定政策，主要针对国民经济或开放宏观经济的总量关系与平衡。宏观政策具有相机抉择特点，宏调职能部门也比较有限。我国改革开放以来探讨的宏观调控体系仍有待科学化，与转型期宏观调控实践的一些特点与矛盾有关。

我国对宏观调控概念和对象界定比较广泛，不仅包括总量平衡，而且涵盖结构调整和优化目标。为此，在政策工具上就需要借助计划、产业政策等多样化工具。在政策实施主体上，表现为很多部门参与宏调，形成“九龙治水”的局面。

研究近十年宏观调控史，粗略梳理可以发现，宏观调控政策工具有几十种之多。这些政策，有的属于间接总量调节工具，如公开市场操作、利率汇率以及财政收支逆周期变动，与市场经济宏观政策原理比较一致。较多属于准入数量型和产业调控型工具的，如依据产业政策目录对大量产品投资进行审批与核准，信贷数量、供地数量调控等。这类政策往往与治理产能过剩，控制两高一资及环保质量标准等结合，对部门选择与施政松紧，具有较大程度的随意性。

我国改革开放以来探讨的宏观调控体系仍有待科学化，与转型期宏观调控实践的一些特点与矛盾有关。

在房地产、农产品等价格上涨较快通货膨胀环境下，有关部门利用各种手段直接干预需求以及市场流通，有时直接实施物价管制，这类工具也往往以宏调措施推出。偶尔还会采用直接行政干预工具，保证宏观调控政令畅通。这类干预虽发生频率较低，然而对市场规则稳定预期客观影响较大。

对象宽、工具泛、主体多的宏观调控体制虽便于灵活施政，但往往难以厘清市场功能和政府干预的边界，“叠加效应”容易导致经济周期波动。宏观波动短期变异度较高，宏观调控有相机抉择特点，与产业和结构政策取向比较稳定的要求和属性难以兼容一致，实践起来难免导致宏观调控微观化与过多干预常态化。

二、宏观调控的“四减四加”

经验表明，宏观调控对象过广、宏观调控工具过宽、宏观调控部门过多，就会出现政府部门随意“以宏调名义”干预投资、信贷、准入等方面微观经济活动，难以实现健全完善市场经济秩序目标。宏观调控举措是技术性问题，宏观调控规则、范围、方法则是体制性的，并在经济实际运行层面具体定义市场机制与政府干预作用的真实边界。

政府部门随意“以宏调名义”干预投资、信贷、准入等方面微观经济活动，难以实现健全完善市场经济秩序目标。

宏观调控科学化与体制市场化具有双向关系：体制市场化程度制约宏观调控科学化程度，同时宏观调控宽泛化、微观化，也会固化甚至强化体制中非市场因素与结构，不利于实现市场机制配置资源的决定性作用。党的十八届三中全会推出全面深化改革的新举措，决心

"大幅度减少政府对资源的直接配置，推动资源配置依据市场规则、市场价格、市场竞争实现效益最大化和效率最优化"，必将为破解科学宏观调控难题提供历史新机遇。

实现"科学的宏观调控"目标，需要从"四减四加"入手。

1. 实现"科学的宏观调控"目标需要的四项减法

一是在认知和概念上做减法，更为科学和严谨地界定宏观和宏观调控范围，减掉原本不属于宏观和宏观调控内涵的因素和对象。

二是一些部门职能定位需"去宏调化"，让环保宏观调控、土地宏观调控、农业宏观调控这类流行概念逐步淡出。

三是在"产业政策宏观调控化"方面做减法。随着经济发展阶段逐步提升，产业政策本身需适当瘦身。产业政策应与宏观调控干预适当区隔。

四是应减少用行政手段宏调。尽量避免采用冻结土地供应、查处某个民营企业这类激烈方式实施调控。

2. 实现"科学的宏观调控"目标需要的四项加法

宏调改革成功关键在于做好加法。

一是要深化汇率市场化改革，在增加汇率价格杠杆调节功能上做加法。

二是要完善利率市场化改革，在更好发挥利率价格杠杆调节作用上做加法。

三是应该调整现行央行体制，在提升其执行货币政策独立性上做加法。适当扩大央行执行货币政策的独立性，利大于弊。这方面改革有助于提升货币政策的专业性和有效性，有利于减少地方、部门等局部利益的过多影响，有利于提升货币政策的透明度并增强其可问责性。

> 适当扩大央行执行货币政策的独立性，有利于减少地方、部门等局部利益的过多影响，有利于提升货币政策的透明度并增强其可问责性。

四是推进财税体制改革，提升财政预算制度透明度，减少政府财政直接投资比重，推进结构性税制调整。加快健全公共财政体制，增加财政支出直接对居民的转移支付比例，有助于增加财税收支随宏观景气变动发挥"自动稳定调节"作用，使其更好地发挥机制性宏观调控功能。

按照党的十八届三中全会确定的时间表，到2020年有望在重要领域和关键环节改革上取得决定性成果，使各方面制度更加成熟更加定型。可以预见，市场经济体制健全成熟之日，也就是科学宏调目标实现之时。届时“宏观调控”这个体制转型期的特色名词，其中带有计划体制遗迹的“控”字或许会被扬弃，最终采取“宏观调节”或“宏观管理”之类表述。

市场经济体制健全成熟之日，也就是科学宏调目标实现之时。

跨越时空的资金匹配机制

巴曙松　杨现领

核心提示

2030 年中国的城镇化率将达到 65% ~70%，届时将有大约 10 亿人生活在城市，这一市场预计目前已得到普遍认可。它意味着与之相伴的基础设施和公共服务融资需求总量依然较大，需要跨越时空的资金匹配机制来实现。中国需要在融资工具创新和财税、土地、金融改革方面进行必要的突破，从而建立可持续的融资方式，使直接融资发挥更突出的作用。

中国已经有超过 50% 的人口生活在城市，目前依然保持着较快的城镇化推进速度。现在通常认可的市场预期是，预计到 2030 年中国的城镇化率将达到 65% ~70%，届时将有大约 10 亿人生活在城市。与之相伴的基础设施和公共服务融资需求依然较大。

新型城镇化产生的新需求

从目前的趋势观察，为了实现更有效率、更加包容、环境更可持续的城镇化，中国未来的城市基础设施将逐步从高铁、高速公路、机场转向地铁、城际交通网，以及改善城市供水、燃气管道和污水处理等公共设施以及建设大量的保障性住房。

新型城镇化必然会产生不同的基础设施和公共服务的新需求，而这种新需求则需要财政和金融部门来响应和提供。新需求主要体现在几个关键领域：

一是促进集聚效应和分工效应，最大限度地发挥交通网络一体化

巴曙松
国务院发展研究中心金融研究所副所长。
杨现领
华创证券研究所房地产行业分析师。

建设的基础设施需求。

二是有助于促进人口城镇化、促进社会包容性以及环境可持续的公共设施、教育、医疗等需求。

三是有助于推动人口城镇化的保障性住房建设需求。

下一阶段城镇化将产生不同的融资需求。投资的区域、领域、行业都将会因各地已有的存量建设、未来的要素变化，以及更为重要的新型城镇化的要求而有所差异化。考虑到下一阶段新型城镇化模式的持续推进，仍将产生进一步的建设需求。公共设施严重不足，投资将随着城市化进程的推进而不断加大。城市公共交通建设空间依然存在，农民工的市民化带来教育、医疗以及文化等领域的均等化投资需求。

围绕城市基础设施和公共服务所产生的融资新需求，以及当前融资体系无法有效满足的客观现实，中国的财政和金融系统如何通过改革来满足融资始终是一个极富挑战的问题。首先，在未来的城镇化融资中，财政和金融应该如何定位，如何分工，又如何协调？其次，在预算软约束的情况下，如何让地方政府发挥基础设施投融资作用的同时，又可以避免债务的无序扩张，避免风险的过度累积？第三，是否存在一套合适的运作机制，让土地融资在继续发挥作用的前提下，又保证土地城镇化和人口城镇化的目标相互促进？土地指标是否可以和人口指标挂钩？

回答和解决这些问题，其中财政、金融改革尤为重要。

未来财政改革的路径

财政改革的目标是克服财权—事权不对称以及公共服务供给不足的问题。未来财政的关键在于处理政府间的关系，改革的路径则存在三个可能：财权改革、事权改革和转移支付体系改革。

财权改革是重新界定各层政府间的税收关系，扩大较低层级政府征收税收的权力。

财政改革的目标是克服财权—事权不对称以及公共服务供给不足的问题。

事权改革的关键则是重新分配承担基本公共服务支出的责任，将责任从较低层级政府向较高层级政府转移。

转移支付体系的改革则要求由较高层级政府向较低层级政府转移，以确保每一级政府拥有足够的收入以提供适当质量的基本服务。

财权改革的空间有限，房产税是未来地方政府的收入潜力。事权改革的迫切性更为明显，中央政府需要在公共服务领域承担更多的责任。减少和归并专项转移支付是未来财税改革的关键。这里的重点是减少相应的专项转移支付。

中国需要改革金融业，使其更可持续地为未来的城镇化提供资金。从目前的背景来看，中国未来的 ~2 增速预计难以有持续显著的增长，在这个约束条件下，为了使金融部门继续支撑中国的基础设施建设，可以考虑的选择方案是扩大社会融资总量，要实现这一点，则需要提高直接融资的占比，使企业债券、市政债券、中票等融资工具发挥更大的作用。

从国际经验看，市政债是地方政府最重要的融资模式，也将是中国未来最有潜力的城镇化融资方式之一。客观评估融资平台和影子银行在当前基础设施融资中的作用，一定条件下，未来 ABS、信托、资产支持票据（ABN）等金融创新工具都可以成为盘活资金存量、优化增量资金使用效率的更为市场化的选择方案。

从国际经验看，市政债是地方政府最重要的融资模式，也将是中国未来最有潜力的城镇化融资方式之一。

总体上中国城镇化的融资方式是比较成功的，中国的财政和金融支持支撑了大规模的城市基础设施和公共服务融资。然而，考虑到未来 10 ~20 年，中国仍将有 3 亿新增转移人口进入城市，中国不仅需要消除城镇居民和现有转移人口之间公共服务水平的不均等，还需要为今后新增的转移人口提供基础设施和社会服务，未来财政体系也需要为满足全国统一的最低公共服务水平提供资金。只有通过适当改革，中国的财政和金融体系才能为即将到来的财政支出和融资需求提供必要的支撑。

名家观点 | Experts' viewpoints

胡鞍钢　清华大学国情研究院院长

企业进入新黄金十年

过去10年是中国民营企业迅速发展的黄金十年，不仅创下了中国纪录，也创下了世界纪录。然而海外一些媒体，却总揪住“国进民退”不放，并有大力讨伐中国国有企业之势。

中国民营企业的发展历史只有20多年时间，却是爆发式发展。大体经历了从无到有，从小到大，从大到超大规模成长的阶段。

1990年全国城镇私营企业就业人员为57万人，占城镇就业总数的0.3%，农村私营企业就业人员为113万人，占农村就业总数的0.2%，全国合计170万人，占全国就业总数的0.26%。这是1992年之后中国创建社会主义市场经济体制的民营企业的起点。

党的十四届三中全会对建立社会主义市场经济体制作出了十年规划和重要部署，也成为发动中国民营企业的强大推动力。

到2002年，全国城镇私营企业就业人数达到了1999万人，相当于1990年的35倍，年平均增长率为34.5%；农村私营企业就业人数也达到了1411万人，相当于1990年的12.5倍，年平均增长率为23.4%。

党的十六届三中全会对完善社会主义市场经济体制作出了十年规划和重要部署，并对大力发展和引导非公有制经济提出了鼓励性政策。由此，中国民营企业进入发展的黄金十年。

党的十六届三中全会对完善社会主义市场经济体制作出了十年规划和重要部署，并对大力发展和引导非公有制经济提出了鼓励性政策。由此，中国民营企业进入发展的黄金十年。

这里仅以规模以上工业中私营企业发展为例。2002～2012年，企业数增长了2.84倍，年平均增长率为14.4%，即使是有大量的私营企业退出市场或破产，但是“出生率”大大高于“死亡率”，是世界上最高的增长率；资产总额增长了17.4倍，年平均增长率为

33.1%，平均每个企业的资产额，从1788万元增加至8059万元，可能是世界上企业资产增长最快的纪录；主营收入增长了22.9倍，年平均增长率为37.3%，同样也是世界增长最快的；利润总额增长了40.2倍，年平均增长率为45.0%，尽管许多企业亏损或者不盈利，但总体而言，中国的民营企业是世界上最赚钱的企业群体。

总体而言，中国的民营企业是世界上最赚钱的企业群体。

从私营企业与国有企业的各自优势来看，以规模以上工业企业为例，2012年私营企业的就业比例为32.8%，国有企业的就业比例为19.9%；私营企业的税金及附加比例为13.0%，国有企业为70.3%。显然，私营企业的主要贡献是创造就业，而国有企业的主要贡献是创造税收。两者优势互补，都对国家作出了各自的重大贡献。

私营企业的主要贡献是创造就业，而国有企业的主要贡献是创造税收。两者优势互补，都对国家作出了各自的重大贡献。

“东方巨人”的“两条腿走路”，既不同于传统的计划经济体制下只有公有制经济的“一条腿”，也不同于西方自由市场经济主要基于私有经济的“一条腿”。两条腿走路要大大优于一条腿走路，走得稳、走得快、走得长远。

可以预期，党的十八届三中全会将对未来10年中国全面深化改革作出规划和战略部署。无论是国有企业还是民营企业，都会延续过去10年的黄金发展期，不仅有更多的国有企业、民营企业进入世界500强并超过美国，而且也将使中国逐步成为世界最大的对外贸易体、经济体。

周其仁　北京大学国家发展研究院院长

未来发展面临的五大问题

中国未来发展面临的问题和挑战越来越大，能否正视这些问题、解决这些问题，是决定未来发展的关键。

一是中国发展的全球环境。

从经济上看，世界通而不平。世界原来不通，发展过程中有两个平面，美国、欧洲、日本是一个高平面，中国是一个低平面。中国1970年代末开始对外开放，1990年代印度开放，世界开始打通，各国开始发挥彼此的比较优势，资金、技术、想法从高海平面往低海平面流动。这两个平面得以打通，是中国改革开放的基础。

未来十年，中国还能不能继续维持和平发展？从历史上来看，不同海平面之间的交流往往会产生很多摩擦。多数经济学家都赞成经济开放，因为存在着比较优势。现在的问题在于，美欧和日本的经济能否进一步升级，现在发达国家可以做我们不会做的东西；如果我们的产业持续升级，就会面临他们会做、我们也会做的局面。所以，贸易问题，投资问题，知识产权问题，都是我们未来面临的挑战。

未来十年，中国还能不能继续维持和平发展？从历史上来看，不同海平面之间的交流往往会产生很多摩擦。

二是汇率稳定和人民币稳定。

汇率稳定和人民币稳定为什么冲突呢？因为经济全球化，美元是“硬通货”，美国是全球的“印钞机”。为什么很难使得人民币能稳定下来？根本原因是全球宏观的不平衡。人民币能否稳定，涉及国际货币制度问题。

为什么很难使得人民币能稳定下来？根本原因是全球宏观的不平衡。人民币能否稳定，涉及国际货币制度问题。

三是怎样管理社会要素的流动？

作为改革开放的成果，社会所有要素都在流动，怎样管理社会要素的流动？流动带来了巨大生产力，流动中又出现了新的突出问题。多年来我们管理国家都采用农业式的管理方式，类似“城市群”的概念非常重要，但行政体制却容纳不了，因为农业式的管理方式跟不上。

四是政府在市场中的地位如何？

我认为，政府就在市场里头，天下没有一个市场是没有政府的，买房子为什么需要政府发产权证？这就是合法强制力。但是，合法强制力配置到哪里是合理的边界？在某些领域，我们的合法强制力、政府的作用和服务远远没有到位，但在另外一些领域，却又是政府大包大揽，什么都抓在自己手里。

五是中国的创新精神和企业家精神。

中国不缺乏这些精神，但是容易被侵蚀。如果货币不稳定，流动性就会带来很多短期投机机会，导致很多企业家从实业中撤离。这种严重侵蚀对中国的创新精神和企业家精神的发挥带来十分不利的影响，如果政府的边界不清，政府控制过多的要素，就会导致很多事情如果离开了政府就办不了。

彭希哲　复旦大学社会发展与公共政策学院院长

中国人口态势对未来发展带来的严峻挑战

中国未来人口的基本态势、面临的挑战以及可能的应对政策，正在引起各方关注。梳理一下过去十年或更长时间中国人口发展的一些变化，我们可以看到：

第一，未来人口增长总量仍旧非常大。

中国人口发展呈现出前所未有的复杂局面，整体处在转变之中。现在每年的人口增长是5.7‰，与欧美差不多，但是人口增长总量仍旧非常大，是持续、递增的状态。

第二，未来老年人口总量巨大，人力资源对未来发展造成影响。

经过几十年努力，现在整个中国的生育水平大概是每对夫妇1.5个小孩。印度是2.8个小孩，美国是2.1个小孩。这会对中国未来的人口增长带来很大影响，最主要的影响是出现老龄化，老年人口总量巨大，增长速度也非常惊人。21世纪，中国始终会是世界上老年人口最多的国家，它对中国未来发展的影响反映在两个方面。

整个中国劳动力未来5年左右总量增加，到未来十年出现下降，这是趋势。这种劳动力的变化对中国经济是好事还是坏事有不同说法。如果产业要升级转型，那么这种劳动力的供求变化会促进转型。

一是中国未来劳动力的供求关系会发生非常快的变化。整个中国劳动力未来5年左右总量增加，到未来十年出现下降，这是趋势。这种劳动力的变化对中国经济是好事还是坏事有不同说法。如果产业要升级转型，那么这种劳动力的供求变化会促进转型。

二是民工荒。随着城镇化进程，民工的供给必然减少。很重要的因素是高等教育有了很大的发展，1999年中国第一次扩招，直到现在中国已经有世界上最多的大学。好处是到2020年，中国将有2亿人受过大专以上教育，有利于未来人力资源保护，为产业转型、产业升级做了人力资源储备。未来十年内大学生的就业困难，也会促使中国进一步优化教育的学科配置，以适应整个社会经济的发展。

第三，人口老龄化是社会发展的必然结果。

未来十到五十年，中国社会永远都是老龄化社会，不可能回归到年轻化社会。现在调整政策，只是延缓老龄化进程，让老龄化的负面作用慢慢显现，但不可能扭转总体态势。这一趋势除了对就业产生影响外，对政治格局也会产生影响。老年人越来越多，在社会经济中有利益诉求，在很大程度上会影响利益的重新分配。

未来十到五十年，中国社会永远都是老龄化社会，不可能回归到年轻化社会。

第四，人口性别结构失衡后果逐渐凸显。

未来十年，中国社会还面临严峻挑战，这就是人口性别结构失衡的后果会逐渐凸显，它不仅会影响到中国未来的婚姻状况，甚至会影响到中国未来的经济发展速度。从社会科学的角度来说，也会影响中国的稳定。

第五，二元社会结构终结，对社会公平和稳定将造成重大压力。

中国的二元社会结构会在未来十年终结，这对社会公平和稳定将造成重大压力。另外，超大市场的经济力量也会影响中国的执政能力，形成新的力量对比，形成新的中央和地方财政、经济、政治、社会力量的博弈。中国在城市化过程中，对待小城镇要特别谨慎，要给予在城市工作的人以城市居民的福利待遇、医疗保险、住房和教育待遇，而不是仅仅工作和住在这个城市的待遇。

超大市场的经济力量也会影响中国的执政能力，形成新的力量对比，形成新的中央和地方财政、经济、政治、社会力量的博弈。

第六，独生子女一代将重塑中国政治社会文化结构。

独生子女一代是吃肯德基、麦当劳，喝可乐长大的，和其他年代的人不一样，十年以后，他们可能引领中国未来的主流，在这个价值体系中，党、政府和社会可以共同去做很多事情。

崔立如　中国现代国际关系研究院院长

未来十年中国的国际战略

未来十年中国的国际战略就是实现和平发展的战略，主要目标和基本方针可以概括为：把握时代主题，找准新观念，应对挑战，以我为主，扬长避短，以开创性思维实现未来十年发展目标。

> 把握时代主题，找准新观念，应对挑战，以我为主，扬长避短，以开创性思维实现未来十年发展目标。

二战结束以来，国际关系的变化特点是：世界格局演变，出现一批新经济体，美国和欧洲的地位大大削弱，出现大量决策中心、行动中心；主要国家之间形成你中有我、我中有你的局面，既是竞争对手，又是合作伙伴；全球发展严重失衡；安全问题前所未有地广泛化；全球出现越来越多的社会问题，文化作为国家软实力的作用日益突出。在这一大背景下，未来十年中国的国际战略应关注以下几个方面：

1. 中国坚定走和平发展道路，成为今天世界大变化中最重要的变量

对中国外交而言，最重要的变化是自身发展的变化，以及外部关系的变化。三十多年的改革开放实现了中国与世界的融合，中国坚定走和平发展道路，成为今天世界大变化中最重要的变量。

2. “中国威胁”会以各种方式被不断炒作

所有大国都面临政府改革的挑战。中国地位的提升带来外部的紧张，中国成为世界关注的焦点，存在的问题会被渲染、放大。“中国威胁”会以各种方式被不断炒作。

3. 中国的国际战略应是全球战略

中国未来的国际战略应该是全球战略，要高屋建瓴。提升中国的战略定位，就是要确定国际政治经济大舞台上的自我定位，不扛旗，但要发挥领导性作用。要分清战略定位和外交的区别，行为方式上要低调。

4. 由模糊走向清晰

中国国际战略由模糊走向清晰，主要是指要搭建起更为清楚的战略观念、战略主张、战略学说、战略目标和战略路径。

5. 和平发展是中国外交的战略思想和逻辑基础

中国外交的战略思想和逻辑基础来自和平发展理论，国际战略的根基在国内，和平发展的内生性动力来自中国众多勤奋的人们，来自悠久灿烂的文化及其包容性，来自较强的决策力和执行力。

6. 周边国家是外交重点

要发挥战略优势。周边国家是我们的外交重点，未来十年将进一步成为中国新的地缘政治、地缘经济的中枢，中国沿海省区要和周边国家发展合作关系。

7. 外交战略能反映鲜明的时代特点和中国特色

中国的和平发展，要求我们的外交战略能反映鲜明的时代特点和中国特色。

黄　震　中央财经大学金融法研究所所长

迎接互联网金融的春天

中央对于互联网和金融的结合给予了前所未有的重视，互联网金融创业和发展迎来了历史性机遇，互联网金融将迎来未来发展的“黄金十年”。

互联网金融在现阶段可能还只处在一个眼球经济阶段，今后热点要素的聚集和产业升级都会更加深刻，这不仅影响中国的经济，互联网与传统的产业结合，会使产业增强智慧。互联网金融不仅是一种产业金融、平台金融，更重要的是一种智慧金融，将提升整个社会的文明水平和智慧水平。

新型城镇化，究竟如何“化”

02

KEEPING THE
MINUTES OF CHINA
WITH THOUGHTS

主题

厉以宁　艾丰　石军　　新型城镇化需要把握的六个问题

徐匡迪　新型城镇化重点是人的城镇化

陈锡文　农民转市民至少需解决四方面问题

延伸

石军　　“三驾马车”拉动城乡一体化发展

名家观点

朱高峰　徐宪平

胡存智　喻新安

主题 | Key Articles

新型城镇化需要把握的六个问题

厉以宁　艾　丰　石　军

核心提示

为配合国家推进新型城镇化，厉以宁、艾丰、石军受全国政协经济委员会委托，正主编《新型城镇化理论与实践》大型丛书。通过大量调研他们发现，在推进城镇化过程中，有几个特别需要把握的问题，他们的观点引起了多位中央领导的高度重视，被认为是“真知灼见”，“希望有关部门结合相关工作认真研究”。

为配合国家推进实施新型城镇化战略，我们 3 人从 2013 年年初开始，先后在北京、天津、江苏、浙江、山东、湖北等省市作了专题调研，并阅读了大量讲话、文章和书籍，还与一些专家和企业家进行了探讨。在调研中我们发现，在推进城镇化过程中，各地的情况不同，认识也不同，特别是在扩大内需、农民工市民化，以及户籍、住房、土地和城镇化中政府的地位及作用等问题，还有待于进一步统一认识，需要廓清和把握。

一、必须肯定城镇化是扩大内需根本之策

目前，对城镇化能够扩大内需，还有一些不同看法，需要统一认识。

有的专家和机构认为，城镇化并不能扩大内需。他们主要依据如下统计数字：我国城镇化率从 1978 年的 17.92% 提高到 2009 年的 48.34%。但同时最终消费率却由 62.1% 下降到 48.5%。2009 年～

厉以宁
全国政协常委、北京大学光华管理学院名誉院长。
艾　丰
第九届全国政协委员、艾丰经济发展研究院院长。
石　军
全国政协经济委员会副主任，甘肃省原常委、副省长。

2011年，城镇化率从48.34%提高到51.27%，最终消费率却从48.5%下降到48.2%。1985年，消费对经济增长的贡献率高达85.5%，此后一直在35%～50%之间徘徊。由此，他们得出结论：我国城镇化对消费拉动的促进并不明显，甚至呈现负相关。

这个结论是片面的。

一是随着城镇化加快，消费总量在迅速增长。社会消费品零售总额：2002年是4.8万亿，2011年达到18.4万亿，增长2.8倍，年均增长16%以上。城乡之间消费增速在逐年缩小。

二是最终消费率和消费对GDP贡献率下降，是因为我国在本世纪初加入世贸组织之后，引进外资和对外贸易迅猛发展，GDP这个分母迅速加大的结果。而大量农民工进入到城市制造业，是其重要支撑。

三是消费拉动力不足，主要是农民购买力偏低。目前城乡居民之间购买力之比大约是三比一。两亿多农民工仍然按照农民习惯消费。农民购买力有一个铁律：提高农民购买力必须增加农民收入，增加农民收入必须提高农业劳动生产率，提高劳动生产率必须减少农民，只有城镇化才能减少农民。因此，消费拉动力不足，不是因为城镇化，恰是因为城镇化水平还不够高。

消费拉动力不足，不是因为城镇化，恰是因为城镇化水平还不够高。城镇化是扩大内需的根本之策、长远之策。

四是城镇化扩大内需，既表现为扩大消费需求，又表现为扩大投资需求。近年来房地产业快速发展是一个集中表现。2011年城镇新建住房9.5亿平方米，是1978年的25倍。2012年，房地产开发投资7.2万亿元，是1998年的20倍。房地产业对GDP增速的贡献，一直在1至2个百分点之间。我国正处在城镇化中期，其潜力是非常巨大的。

总之，城镇化是扩大内需的根本之策、长远之策。正因为如此，世界著名经济学家才把美国的技术创新和中国的城镇化看成是21世纪世界经济发展的两大引擎。积极稳妥推进城镇化是我国的根本战略，这一点必须明确，不能模糊。

二、农民工市民化不只是户籍问题

现在，呼声最高的是“农民工市民化”，并且强烈要求加快户籍制度改革。对此需要具体分析，慎重对待。

2012年我国城镇常住人口约为7.2亿，其中户籍人口为4.9亿，另有2.1亿左右的城市常住人口不是正式市民。这种情况可称为“半城镇化”，需要继续前进。但要认识到：

一是农民工在城里“安居”比“乐业”更难。有人测算，一个农民工转为市民，至少需要增加10万元的公共服务投入。2.1亿左右的人就需要2.1万元投入。每户需要价值100万元的住房，按三口之家计算，这又是70万亿元的投入。如此巨大的投入，不是短时间可以筹措的。不加分析地匆忙放开户籍，不仅会影响城市的运转，而且会引发城市居民的不满。

不加分析地匆忙放开户籍，不仅会影响城市的运转，而且会引发城市居民的不满。

二是目前各类城镇聚集人口的状况是不均衡的。农民工集中涌入的是经济发达地区的大城市和特大城市。北京统计局最近公布，2012年北京户籍人口1297万人，比上一年增加19.6万人。暂住人口784万人，比上一年减少41.6万人。这些数据至少给我们两点启示：一是严格控制户籍人口的北京，每年还要增加近20万人。二是暂住人口没有全部市民化，所以才减少了41.6万人。

各类城镇聚集人口的不均衡，应该随着城镇化的进展，得到调整。但如果过于匆忙地完全取消户籍限制，就会固化这种不均衡，增加未来调整的难度。

三是农民工自身的意愿也是不同的。据北京的调查，离开组占的农民工45.2%，居留组占38.2%，16.6%属于未定。湖北省目前只有三分之一的农民工愿意迁入城市。影响农民工下决心在城市定居的因素，除收入水平和定居条件不匹配之外，还有两样东西使农民难以和农村割舍，一是土地，二是农村的人际关系。还有一部分农民工在城里学到本事，积累了一些资金，希望回到农村施展才能，这对于农业现代化和新农村建设都会发挥重要作用，把他们固化在城市，并非上策。

对户籍制度的形成和作用，应该有一个从实际出发的历史认识。它并不是形成城乡二元结构的基本原因，而是根据城乡二元结构在一定历史条件下采取的社会管理措施。

总之，农民工市民化是一个需要不断创造条件的相当长的过程，也是一个城市之间、城乡之间人口交互流动和调整的过程，户籍制度必须改革，但不能简单从事。

农民工市民化是一个需要不断创造条件的相当长的过程，也是一个城市之间、城乡之间人口交互流动和调整的过程，户籍制度必须改革，但不能简单从事。

三、住房问题是城镇化至关重要的问题

目前，住房紧缺和房价上涨过快的问题，已经成为普遍关注的社会问题。住房问题不是孤立的问题，必须把它放在城镇化的大背景下和大系统中加以认识和解决。

在城镇化率迅速提升时期，住房紧缺、房价上涨是不可避免的。同时，住房紧缺、房价上涨过快又制约了城镇化。

解决住房问题，必须分清两个概念："有房住"和"有住房"。政府努力保障的是"有房住"，而不是"有住房"。"有房住"，既可以通过"买房"实现，也可以通过"租房"实现。1998 年房改之前，我国的住房政策是"只租不卖"，房改之后，变成了"只卖不租"。这是房价过高并且难以调控的根本原因。住房是刚性需求，所有的住房刚性需求都去冲击市场，必然又刺激了投资需求和投机需求。同时，买房还能满足资产增值需求。四种需求一齐冲击住房市场，房价焉有不上涨之理。

政府努力保障的是"有房住"，而不是"有住房"。1998 年房改之前，我国的住房政策是"只租不卖"，房改之后，变成了"只卖不租"。这是房价过高并且难以调控的根本原因。

一定要把"租房"这条腿补起来。要认识到，社会上总有一部分人相当长时间买不起住房。即使已经完成城镇化的发达国家，居民的租房率仍然相当高。法国、加拿大、日本租房率在 40% 左右，德国为 60%，瑞士是 70%。目前政府大力推行的"经济适用房"和"保障性住房"，存在着三个问题：一是价格双轨制必然造成市场混乱和官员腐败。诸多"房叔"、"房姐"的出现，已是证明。二是经

济适用房为压低房价，难免压低成本，造成房屋质量低劣，这些住房定会变成包袱。三是即使有保障性的低价住房，也难以解决农民工的住房问题。例如北京，2013 年要建设 2 万套 200 万元以下售价的保障性住房，规模可谓不小。但是，北京没有户籍的常住人口是 784 万，折合四口之家是 190 万户，用卖房的办法满足他们的需求，要用 100 年的时间，而且他们都还必须有足够的买房钱。

社会上总有一部分人相当长时间买不起住房。即使已经完成城镇化的发达国家，居民的租房率仍然相当高。

不要过多期望把房价压下来。住房紧缺、房价上涨的背后是土地紧缺和地价上涨的趋势。房价是一个调节阀，对于防止人口盲目流入和滞留在大城市，对于人口在各类城市之间的均衡分布，都会起到一定的作用。房价反映着一个城市的经济景气状况。房价暴跌比股市暴跌的影响要大得多。

总之，住房问题是城镇化进程中必须解决好的十分重要的问题。必须认真总结这些年的经验教训，注重实行“租卖并重”的方针，全面调整我国的住房政策。

四、需要大力推进“就地城镇化”

不能把城镇化仅仅理解为农民背井离乡地进入大城市，在农村人口众多的中国，更需要推进离土不离乡的“就地城镇化”。

中国实现城镇化，需要转移出多少人口？按照城镇化率达到 70% 测算，农村至少还需要转移出 2.5 亿人口。按照城乡劳动生产率均等的成熟城镇化测算，目前我国第一产业占 GDP 的 11% 左右，即使不考虑将来比重还会减少，农村只需要 1.5 亿人口。这就是说，还将有 5 亿多人口转移到城镇。

不能把城镇化仅仅理解为农民背井离乡地进入大城市，在农村人口众多的中国，更需要推进离土不离乡的“就地城镇化”。

有的专家论证，大城市的效率大大高于小城镇，人口应该进入大城市。单从效率说，确应如此。但从可行性看，都进入大城市是不可想象的。且不说进入大城市门槛高、难度大，单从容量上说，肯定是不可能的。北京、上海再增加一千万人口，可能效率尽失。如果靠新建大城市，需要新建 50 个千万级人口的大城市，中国已经找不到这么多符合条件的地方了。

但是，全国有两千多个县，有两万多个镇，每个县城增加5万人，就可以多容纳1亿人口。两万多个镇，每个镇增加两万人，就可以再容纳4亿人口。正是因为小城镇具有这样的重要地位，所以，从上世纪80年代初开始，就先后提出“小城镇，大问题”、“小城镇，大政策”、“小城镇，大战略”，一直到20世纪90年代末，在中国，把世界通行的“城市化”概念改为“城镇化”。一字之改，正是为了突出中国城市化道路的特色。

更多地依托县、镇实现城镇化，可以称之为“就地城镇化”。重视“就地城镇化”是城镇化的本质要求。我国城镇化的基本内涵，不仅包括发展城市，同时包括改变城乡二元结构，实现城乡一体化。我们提出“建设社会主义新农村”，后来又提出发展“县域经济”，这里说的“农村”、“县域”，既不是单指县城，也不是单指那些自然村，它应该包括县、镇、村这一整体。这样的整体才有活力。县城、小城镇，处于城乡过渡带，工农联结点，是实现城镇化的战略基础，又是实现城乡一体化的纽带。

我国城镇化的基本内涵,不仅包括发展城市,同时包括改变城乡二元结构,实现城乡一体化。

就地城镇化的发展，不仅能够更好地调动农村参与城镇化的积极性，而且有利于大、中、小城市的均衡发展。改革开放以来，我国经济发达地区，实际上就已经开始这种“就地城镇化”的进程。江苏南部和珠江三角洲等地借助这种模式走在全国城镇化的前列。出现了虎门镇、华西村、南街村这样的典型代表。

就地城镇化可以采取“老城区+新城区+农村新社区”的“三区联动”模式。老城区改造，通过机关、企业外迁，形成商业区和服务区，保留城市文化特质。工业新区建设，发展实体经济，形成新的经济增长点和产业依托。城市周边农村新社区建设，为城市未来发展留下空间，奠定基础。农民生活在新社区会感到更舒适，这里有房住、有设施和服务，周围都是熟人，要比迁到城区和新城区相对容易，财政支出也比较小。条件成熟后就可以顺理成章地转化为新型城镇。天津等地已经创造了这方面的经验。湖北武当山，通过企业参与，以旅游业为龙头产业，全面规划地方城镇化，取得了比较好的效果，这就是电视上经常宣传的“问道武当山，养生太极湖”。

总之，就地城镇化是城镇化的基础，是实现城乡一体化的重要途径，投入比较低，容易为农民所接受，有利于解决农民工集中冲击大城市和候鸟式往返的民工流等问题。关键是要制定和实施相应的政策和措施，加大县、镇两级支撑力和容纳力，并增强对农村的辐射力。

五、土地问题是城镇化最为突出的焦点问题

城镇化是人、业、地三个基本要素的联动和组合。人口是核心，产业是支撑，而土地则是焦点。对于人口是核心，产业是支撑，人们的认识已经比较充分了。但对土地这一焦点问题，人们的认识还不够全面和深刻。城镇化是数量经济学、质量经济学和空间经济学的结合。土地则是形成空间的基本载体。

土地资源有五个特性：一是数量不可变动性。二是质量差异性。最宝贵的当然是耕地。三是区域差异性。包括位置、环境和经济的差异性。四是价值差异性。因土地的区位、质量和用途不同，价值差异很大，“级差地租”是其反映。五是制度差异性。土地所有制随各国社会制度不同而不同。土地制度对经济活动和社会生活有基础性的制约和影响。

土地之所以成为焦点，是因为在城镇化过程中，围绕土地存在着三个矛盾和两个“争夺”。

土地之所以成为焦点，是因为在城镇化过程中，围绕土地存在着三个矛盾和两个“争夺”。

三个矛盾：

一是宏观和微观的矛盾。例如18亿亩耕地红线，这是宏观的界限。具体到一个地方，更多考虑的是当地的需求。

二是眼前和长远的矛盾。地方政府为了突出本届政绩，大量出让土地，至于后来是否有足够土地可用，往往不加考虑。

三是数量和效益的矛盾。只考虑城区面积的扩大，不考虑单位土地面积的人口容纳度和经济效益的产出率。一些地方甚至出现了利用

地价低廉的机会大搞所谓“圈地运动”，造成大片的闲置地和撂荒地。

两个“争夺”：

一是城市建设用地和传统农业用地之间发生的量的争夺。城镇的扩张一定要占用土地，首当其冲的是靠近城镇的郊区土地。中央虽然提出对耕地要“占多少，补多少”，但一些地方政府违规用地的问题屡有发生，屡禁不止。

二是围绕各种土地征用过程发生的利益争夺。土地征用，特别是农用土地转化为城市用地，土地价值有很大提升，是一块很大的“肥肉”。参与利益争夺的有政府、开发商、农村集体、农民，以及土地使用者，包括企业和居民。值得特别注意的是，土地集体所有制下的农民，只能通过代表集体的村干部参与交易，自己并不可能直接维护自己的利益，就会发生村干部和普通农民之间的矛盾。土地又是农民的“命根子”，更强化了矛盾的尖锐性。围绕土地问题，各地发生过不少“群体事件”，原因正在于此。所以，在土地问题上，需要更加注意保护农民的利益。

土地问题是城镇化的突出焦点,也是突出的难点和敏感点,必须清醒认识和正确把握。

总之，土地问题是城镇化的突出焦点，也是突出的难点和敏感点，必须清醒认识和正确把握。土地制度的改革和管理，必须统筹考虑上述三个矛盾和两个争夺，必须依法管理，必须在放开和管住两个方面下功夫。对放开的内容，必须首先制定规则。在国有企业改革中，我们只说允许“卖”，但没说该怎样卖，一些地方卖了，又批评不能一卖了之。这个教训应该汲取。

六、城镇化中政府的地位和作用问题

参与城镇化进程的有四类主体：政府、企业、居民、中介。目前围绕政府在城镇化中的地位和作用，有诸多不同议论，尚处于众说纷纭、莫衷一是的状况，需要统一认识。

有相当多的人认为，在城镇化过程中，不应该强调甚至应该弱化政府的作用，应该放手让市场解决问题。他们认为，由政府主导城镇化，就会出现以长官意志代替客观规律，以行政命令代替市场规律，用单纯的“政绩”观去强行推进城镇化，造成许多弊端。

讨论的实质仍然是“有形的手”和“无形的手”的关系问题。

如何运作市场经济，世界各国实质上都已经承认了“无形的手”——国家宏观调控的重要作用。而城镇化并不是单纯的经济行为，它是涉及各个领域的综合性社会工程。我们要建立的是“市场经济”，而不是“市场社会”。诸如城镇化中的城市建设和公共服务，都不能单纯地按照价值规律运作。况且，我国的城镇化还必须体现政治建设、经济建设、文化建设、社会建设、生态文明建设“五位一体”建设社会主义的原则，这就更不是单靠市场自发作用就可以解决问题的。在城镇化中，我们应该要求政府到位，不要缺位，也不要越位。

城镇化并不是单纯的经济行为，它是涉及各个领域的综合性社会工程。城镇化中的城市建设和公共服务，都不能单纯地按照价值规律运作。

从世界各国经验和教训看，政府在城镇化中的作用很重要。美国政府比较放任，出现了城市结构比较分散，城市占地过多，有的城市产业单一等等问题，留下了不少后遗症。拉美国家则是由于政府缺位，出现了“过度城镇化”，经济陷入了“中等收入陷阱”。

“政府引导，多方参与”是可以考虑的提法。引导就不是“包办”，必须尊重企业、居民、中介其他主体和客观规律；引导也包括“有形的手”和“无形的手”的协调和统一。引导正确的保证是决策科学化和政府行为法制化。

“引导”是从总体说的，但不应该排斥在某些局部和领域的政府主导作用。在城镇化的法制、法规和政策的制定、城镇化的全国性和地方性全局规划、城镇化相关制度的建立、实施和监督、城镇化进程的掌控、城市的全面管理等等方面，政府都必须发挥不可替代的主导作用。没有法制约束和行政管理的城镇化一定会形成无政府形态，不会有健康的城镇化。

总之，城镇化是一个复杂的综合的社会工程，其顺利和健康推进，关键在于政府发挥正确的统领和引导作用。政府要义不容辞地在恰当的地位上就位，又要根据城镇化的规律和“政府引导，多方参与”的原则，规范自己的行为，防止缺位和越位。

政府要义不容辞地在恰当的地位上就位，又要根据城镇化的规律和“政府引导，多方参与”的原则，规范自己的行为，防止缺位和越位。

新型城镇化重点是人的城镇化

徐匡迪

核心提示

城镇化不是“造城运动”，也不是征地、造房子，而是劳动力从第一产业到第二、第三产业转移的过程，是农民从农业社会生活转向城市社会生活的过程，是劳动方式与就业方式、生活方式的转变。城镇化重点是人的城镇化。

据统计，截至2012年年底，中国的城镇化率达到52.57%，城镇人口约7.2亿，已经稍微超过世界平均值。不过，如果扣除“半城镇化”的这部分农村劳动力，大概只有37%，真正要把农村年轻一代从农业转到第二、第三产业，还要靠发展产业经济，提供足够的就业机会。

一、不能把城镇化看得过于简单

我们调查中发现，10年前大概60%的农民工流向珠三角、长三角、京津冀地区。从2002年开始，流向这些地区的农民工逐年减少，如今到省外打工的农民工不到50%，大部分都在省内流动、就近打工。这是个可喜的现象，有利于社会的稳定与经济的持续发展。

徐匡迪

第十届全国政协副主席，中国工程院院士、中国工程院主席团名誉主席、中国工程院原院长。

但新的问题是，在对几万名农民工的调查发现，90后新生代农民工从小读书上学，95%的人从没参加过农业劳动。无论是他们自己，还是他们的父母，都没有回到农村务农的意愿，这就为今后人的城镇化增大了难度。

调查还发现，90后新一代农民工，其中不到5%想回农村，原因是农村家里房子大，城市居住条件太差，另外有些人家里是农机专业户；80 后一代的农民工，想回家的也不到 10%；70 后出生的一代，几乎 70% 都是要回去的。他们到城市来打工，主要是为了建造家里的房子，为女儿攒笔钱做嫁妆，准备给儿子娶媳妇。

90 后新生代农民工 95% 的人从没参加过农业劳动。无论是他们自己，还是他们的父母，都没有回到农村务农的意愿，这就为今后人的城镇化增大了难度。

由于不同年龄段、不同地域、不同人带来的不同取向和不同意愿，使人的城镇化在中国成为一个十分复杂的问题，必须区别对待，根据具体的情况进行研究，不能搞“一刀切”，不能把城镇化看得过于简单。

从 1993 年到 2013 年，是中国快速城镇化发展时期，城镇化率每年约增加 1.5%，年均有近 2000 万人从农村转移到城市。但他们不是城市的居民，被称为“农民工”。他们和城镇居民一样从事工业、服务业劳动，生活条件却远没有达到城市居民的基本生活要求与社会保障。这只能叫“半城镇化”。

二、新型城镇化的核心是人的城镇化

就 2010 年的统计数据看，在新增加的 2.6 亿城镇人口中，有 1.6 亿左右属“半城镇化”。城市虽然扩大了面积，但如果没有使所有人享受均等的社会保障与福利，就不是人的城镇化。人的城镇化是新型城镇化的核心。

人的城镇化和人的素质有关。如果农村孩子考上了大学，一般就可以在城镇找到一份较为稳定的工作，有固定的收入，可以租住房屋，有失业、医疗、养老等社会保险，这部分人自然就实现了人的城镇化。

读过高中，或者读过职业专科学校的一些人，经过职业培训，可以通过资质认证，拿到相关证书后也可以在企业找到相对稳定的工作，并在城镇生活下来。

在人的城镇化过程中，要因地制宜。不仅仅是给人一个城镇户口，不同的人要按照不同地区、城市大小，区别对待。

在人的城镇化过程中，要因地制宜。不仅仅是给人一个城镇户口，不同的人要按照不同地区、城市大小，区别对待。

很多专家建议，特大城市一般劳动力要适当控制，主要让有专业技能的人进来。北京、上海、广州，这些特大城市要控制人口数量，一般应该有本科学历；省会城市、地级市和中等城市，至少要有大专学历；在县城就业，可以是中学毕业，或者有专科证书。

人的城镇化有多方面的含义，人的城镇化不仅是指给予人福利和社会保障，更重要的是给人以就业的机会，相当于城镇居民的就业机会。

中国特色的新型城镇化道路，新在何处？新在三个地方。

首先，必须做到城乡统筹。只想把农村变成城市不行，还要统一考虑到农民的生产、生活习惯，以及粮食安全等。

其次，新型城镇化是就地就近发展当地经济。不能把农民都赶到城里去，造成乡村空心化、乡镇萧条。曾经有一段时间，有些原来非常发达的小市镇，由于农民都外出打工，致使当地逐渐萧条。

再次，必须要有适合当地特点的产业予以支撑。比如山东盛产苹果，苹果要放在冷库里，如果卖不出去，当地农民收入和经济发展就会受到影响。如果在当地发展苹果加工产业链，比如生产苹果酱、苹果醋，这样就提高了苹果的附加值和储存条件，也可能成为适合当地经济发展的支柱产业之一。

中国的特点和外国不一样。中国的农用土地很分散，只有少数地区，如东北的三江平原可以发展机械化大农业，河北省的中、南部，以及河南的部分地区可以进行大规模地机械化耕作。山东、江西这样的农业大省有很多山区，以四川为代表的西南地区农田都在山间的小坝子中，不能搞大农业。

所以，中国特色之一是中国城镇化人口永远不可能像西方国家那样超过80%，我们现在提出来到2030年就是65%。

当然，城镇化是不可逆转的，但也不是以“长官意志”来推动的，必须是妥善、稳步、有区别地推进。

中国特色之一是中国城镇化人口永远不可能像西方国家那样超过80%。

三、中小城镇吸纳劳力会超过大城市

中国城镇化战略的实质还是劳动力的转移，还是从低附加值的劳动向高附加值劳动的转移，从农业生产向工业生产和服务业转移。这就有人的素质问题、教育的问题，也有经济发展客观规律的问题。

城镇化包括两方面：

一方面是大城市。大型企业和规模化生产肯定不能在小城镇进行，一定是靠近中心城市。比如富士康组装电子产品，一个工厂就有几万名工人，要保证水、电、较好的居住条件，以及充足的生活后勤服务，乡镇肯定不能提供，只能选择深圳、郑州这样的大城市。

另一方面是小城镇。多数农民进入小城镇，这种就近就地的城镇化，无论对生态的影响，还是对农田的占用，都是最少的。同时，由于文化相通，语言相近，生活习惯也一样，避免了不同人群之间生活上的矛盾。

中国特色的新型城镇化，既包括一般中小规模城镇的发展，也包括大城市。大城市是结构调整。不过，县和镇人口增加的比例会大大增加。如果工业化、信息化、城镇化和农业现代化融合发展，中小城镇的发展就大有机会。

因此，就当下而言，中国特色的新型城镇化建设，应是中小城镇和大城市齐头并进，且其吸纳的农村劳动力人数基本相同；就今后而言，中小城镇在吸纳农村劳动力方面，可能会超过大城市。因为农业现代化大发展，除了增大规模、加大机械化程度，还要衍生下游产业，形成一条农业产品产业链，比如种植小麦，收益不高，国家还要补贴，如果做成面粉，价格就会高一点。如果做成方便面等食品，经济效益就会大幅度提高。再比如种茶叶，除了春季采摘嫩茶，还可以把茶树上的老茶叶进行深加工，提取茶叶里面的茶多酚等物质做西药，或抗氧化、抗衰老的化妆品，茶叶的经济价值也会大幅提高。这就意味着在农产品产业链形成和延长过程中，要大量吸纳农村劳

中国特色的新型城镇化建设，应是中小城镇和大城市齐头并进，且其吸纳的农村劳动力人数基本相同；就今后而言，中小城镇在吸纳农村劳动力方面，可能会超过大城市。

动力。

应该说，中国农村以家庭联产承包为主的统分结合的土地制度，保障我们平稳度过了2008年金融危机。在金融危机时期，中国几千万农民工回乡照样可以生活，因为我们有土地托底机制。这个基本政策是不会变的。

但是，如果始终是一家一户的小农经营，农民不可能致富，农业的水平也不可能提高，农业的科技服务也永远跟不上。所以，要先在一些地方积极试点，不是把农民土地征收过来，而是把农民的土地作为权益入股，组建新型的农业经济合作体。这个合作体不是过去强制的合作社，而是农民以土地入股，经营看得见的养鱼、培植苗木，开办食品加工厂等衍生产业。

中国未来农业现代化的方向是以科技为支撑，保证优异的粮种以及病虫害的防治，这需要国家财力和科技力量的支持。在此条件下，保证农民的基本权益不变，但是享受权益的方式发生了变化。

四、实现城镇化要保证农民的利益

现在，山东、河南试点建设农村新社区，让农民住进楼房。地方政府的主要初衷，是让农民享受城市居民一样的现代生活条件。但首先应进行宅基地的确权，以确保农民的权益不变，并将其原来有形的宅基地变成股权，放在整体经营体系中。

但是，给村民盖楼房需要很多钱，这些钱只能今后从农民的股权收益中慢慢扣。当然，也可以像河南新乡一样，政府搞开发区，吸引企业来投资，政府在征收农民土地后，不是将征地补偿一次性偿还给农民，而是专门成立一个开发区公司。在这里经营的工业企业，每年都要向开发区公司交土地租用费，除了物业管理费，剩下的就是农民可分红的收入。保障农民利益是今后城镇化过程中特别需要注意的问题。

保障农民利益是今后城镇化过程中特别需要注意的问题。

农民进城后不能再种地了，让他们过城市生活的前提条件是必须能够就业、有城市的收入，不能让他们住上楼房，还要去种地。

关于户籍制度改革，要区别对待。现在总的趋势是，县以下的乡镇，如果农民有意愿在城镇买房落户，就可以给他城镇户口；中等以上城市，要看他们的就业能力，不能让其变成无业游民，要有稳定的工作，以维持社会的稳定。对进入大城市的农民，要求会更高一些，必须要有专业知识。就像外国人要去美国办签证时，对方拒绝的理由可能是你有移民打工倾向，如果拥有高学历就欢迎。中国的大城市也得这样，否则就会像巴西一样，城市里聚集着太多无业游民，不利于社会稳定。所以户籍制度方面，一定要有区别地逐步放开。

让农民过城市生活的前提条件是必须让人们有城市的就业方式、城市的收入，不能让他们住上楼房，还要去种地。

五、经济发达城镇化率才能高

一个城市发展的重要条件是，这个城市的产业必须融入全球化，成为世界经济的一个结点。世界性城市不是靠基本建设建起来的，一个城市的人口规划必须要和城市产业发展相适应，要有提供足够多的就业岗位的产业，以维持市民的正常生活。

从城镇化现状看，我国东部地区的京津唐、长三角、珠三角地区已基本实现了城镇化。关于城镇化的问题，中部地区有一种误解：因为上述地区城镇化率高，所以经济发达，这是错误的认识。首先是经济发达了，城镇化率才高，不能本末倒置。

在城镇化建设过程中，有些地方政府从局部利益，甚至从任期内自己的利益考虑过多，在执行中央决策时出现了偏差。只要让广大农民都认识到城镇化到底是怎么一回事，让人民群众来监督，某些地方政府再打着城镇化的旗号忽视农民的利益，就行不通了。

城镇化确实是拉动内需的一个很重要环节。因为城镇化的居民消费主要从市场上获得，而农村主要是自给经济，所以城市化的社会和农业化的社会消费水平有很大差别。

从统计数据来看，就全国城乡总体计算，城市居民消费大概是农村的 2.5 至 3 倍。如果只是北上广大城市，消费差距在 10 倍以上。

现在，很多城市的领导把精力放在造新城上，对旧城的改造漠不关心。中国要发展，城镇化很重要，但是城镇化不是人为造成的，是市场规律形成的。要提高城镇化的比例，必须要有在城市就业的条件，有好的生产消费条件，才能做到真正的城镇化。所以，城镇化不是造城运动，更不是造新城运动，城镇化是人的城镇化。

城镇化不是人为造成的，城镇化不是造城运动，更不是造新城运动，而是人的城镇化。

六、新型城镇化建设任重道远

第一，要清楚地认识到，“半城镇化”人口大量存在，城镇化质量并不高。城镇人口中高达三分之一的农村流入人口无法享受城镇户籍待遇；大量新生代农民工不可能返回乡村，城镇内部存在反差巨大的二元结构。

第二，资源环境约束瓶颈突出，“生态环境危机”空前严峻。快速城镇化造成土地、水资源和能源的高速消耗，区域性复合型大气污染事件频发，并达到历史最严重水平。

第三，区域发展不平衡，城乡发展差距显著。中西部地区城镇化发展滞后，城乡差距不断扩大，城镇化发展严重忽视县域、乡村发展和对农业现代化的服务带动。

第四，资源、资本、人才和科技等过度向大城市集中，县和村镇发展严重受阻。特大城市“巨型化”发展，无序蔓延；中小城市和小城镇发展受到种种限制。

第五，城镇公用设施建设严重滞后，交通拥堵、安全隐患等“城市病”凸显。基础设施和公共服务设施建设欠账严重，大城市交通严重恶化，缺乏整体应对措施，城镇运行安全隐患日益突出。

第六，历史文化和自然遗产破坏极为严重，动摇中华优秀传统文化的根基。牺牲自然和文化资源追逐经济利益；文化审美和价值观扭曲，现代城市文化亟待建立；文化破坏从城市向乡村地区蔓延，仅存的乡土文化遗存岌岌可危。

第七，城市公共管理水平低下，应对群体性突发事件的能力明显不足。一些地方只顾追求企业和房地产发展等经济利益，忽视群众利益；城镇管理水平低下，数字化、精细化、智能化水平不高；科学决策缺失，应对群体性突发事件的能力明显不足。

第八，地方政府推进城镇化发展的观念存在严重偏差。一味追求城镇化速度，人为地“推进”城镇化；急功近利，热衷于“造城运动”；推动城镇化发展的路径单一，盲目攀比，脱离实际。

中国城镇化是和经济增长连在一起的，目前我们的经济增长率是7.5%，通过城镇化，大概每年能提高0.5%～0.6%。此后我们的增长速度会再放慢，到2020年以后，经济增长率应为6%到7%，城镇化速度会减至0.4%～0.5%。因为GDP增加一个百分点，大致可提供120万个就业岗位，没有足够的就业岗位，就不能实现城镇化。

农民转市民至少需解决四方面问题

陈锡文

核心提示

在城镇化进程中，农民转为市民，至少需要解决就业、住房、社会保障，随迁子女教育四个方面问题。城镇化进程中所面临的粮、地、人压力正在增大，并已经积累了不少矛盾，因此，必须切实加大改革力度，进行深入的、系统的改革。

城镇化进程中存在的一大问题，是土地城镇化大大快于人口城镇化。1980 年城市建成区面积为 5000 平方千米，当时的城镇人口为 19140 万人，城镇化率为 19. 39% 。2010 年城市建成区面积为 4. 6 万平方千米，城镇常住人口为 67113 万人，城镇化率为 49. 95% 。30 年间，城市建成区面积扩大了 8. 2 倍，但城镇常住人口仅增加了 2. 5 倍。

尤其要注意的是，2011 年城镇常住人口与城镇户籍人口的差距超过了 16 个百分点，这意味着 2011 年的户籍人口城镇化率不足 35% ，这也意味着有 2. 3 亿左右的城镇常住人口并没有真正成为他所在城镇的居民。如果考虑这个因素，土地城镇化与人口城镇化的差距就更大。

陈锡文
中央财经领导小组办公室副主任、中央农村工作领导小组办公室主任。

城镇化进程中农民转市民，需解决四方面问题

在城镇化进程中，农民转为市民，首先要解决就业问题。

一、就业问题

就业问题的解决必须依靠经济的发展和产业结构的调整，尤其要

靠非公有制小微企业的发展。据《中国中小企业人力资源管理白皮书》（CHINA HRKEY）数据披露，目前注册的中小企业已超过1000万家，中小企业工业总产值和实现利税，分别占全国工业企业总数的60%和40%左右，中小企业提供了75%的城镇就业机会。有关部门统计，从2003年到2012年的10年间，城镇大约解决了1.2亿劳动力的新增就业，但其中，国有单位的就业人员减少了12.25%。

因此，解决城镇新增人口的就业问题，应当把注意力更多地放在非国有经济上，特别是放在促进民营经济的小微型企业发展上。

解决城镇新增人口的就业问题，应当把注意力更多地放在非国有经济上，特别是放在促进民营经济的小微型企业发展上。

二、住房问题

据有关部门调查，2011年农民工在城镇的住房，52%为用人单位提供的集体宿舍，47%为租住“城中村”、城乡结合部或城近郊区的农民住房，自购住房的比重不足1%。交纳住房公积金的农民工比重不足3%。2010年农民工月租房成本平均为421元，占月平均工资的四分之一。

三、社会保障问题

据有关部门统计，全国农民工2011年年底参加城镇养老保险的比重为16.4%，参加城镇医疗保险的为18.6%，参加工伤保险的为27%，参加失业保险的为9.4%。以武汉市为例，一个农民工如参加规定的城镇各项社会保险，用人企业每月需为其交纳516元，农民工本人每月需交纳166元（占其本人月工资的12%），合计为每月682元，每年为8184元。以目前农民工的参保率和缴费水平看，缺口还相当大。

四、随迁子女的教育问题

据有关部门统计，2012年年底全国义务教育阶段的农民工随迁子女为1260万人，这已相当于城镇户籍义务教育阶段学生的50%左右，而只相当于农村户籍义务教育阶段学生的10%左右。今后还将有更多义务教育阶段的农民工随迁子女进入城镇就读，而解决了他们的义务教育问题，紧接着需要解决的就是他们在迁入地就读高中和报考大学的问题。

加快制定农民工转为市民的过渡性制度

上述四个问题，每个问题的解决难度都不小，同时相互之间又有着紧密的关联性。现在的问题是，在这些方面已经积累了不少矛盾，而城镇化的进程还要继续推进。因此，必须尽快制定相关的政策措施，以逐步化解这些矛盾。要借鉴有关国家的有效做法，制定农民工转为市民的过渡性制度。

泰国曼谷的办法是：

一要允许农民工有自主选择，到底是选择将来转为就业地的市民，还是只来城市打工挣钱；

二要对作了不同选择的农民工有不同的制度安排——希望进城打工挣钱后回家乡去的，只要交纳最必要的社会保险费用就可以（如工伤保险）；希望将来转为市民的，用人企业和个人就必须足额交纳各项规定的城镇社会保险费用，交满 8 年，就给予当地市民的各项基本权利。这样，不仅给了农民工将来进城与否的自主选择权，而且也给了地方政府和社会接纳农民工转为市民的缓冲时间。

设立农民工自主选择和转为市民过渡期的制度必须早做安排，否则，矛盾越积累，压力越大，就越难解决。当然，要从根本上解决问题，还是要逐步做到包括基本社会保障在内的基本公共服务在城乡和地区之间的均等化。

要从根本上解决问题,还是要逐步做到包括基本社会保障在内的基本公共服务在城乡和地区之间的均等化。

加快研究如何走通大中小城市和小城镇协调发展的道路

农民转市民的问题，还涉及城镇化的具体道路问题。2000 年制定“十五”规划时提出了“走大中小城市和小城镇协调发展的道路”，但十余年下来，结果并非如此。

小城镇人口占城镇人口比重最高时是上世纪90年代初，当时曾达到27%，约8100万人；到2010年，小城镇人口占城镇总人口的比重降到了20.7%，约1.38亿人，大中城市的人口比重事实上是在不断上升。大中小城市和小城镇协调发展的路，到底是否走得通、如何才能走通的问题迫切需要抓紧研究。

一是产业布局问题，这关系到如何引导就业布局和人口布局。产业集中在大中城市，就业和人口就必然集中于大中城市。

二是小城镇基础设施建设和基本公共服务问题。目前还有20%的小城镇无集中供水，86%的小城镇无污水处理设施，小城镇的人均市政公用设施投入仅为城市的20%，加上教育、卫生、文化等公共服务的相对不足，导致了人们对到小城镇去生活缺乏动力。而德国有60%的人口、80%的中小企业是分布在2万人口以下的小城镇中，从而形成了它独具特色的城镇体系和产业、就业、人口分布格局。

加强研究农村人口有多少要转入城镇

农村人口有多少要转入城镇的问题，也需要加以研究，因为这关系到农业、农村未来的发展和建设。到2030年，如果总人口达到15亿、城镇化率达到70%，那就还将有4.5亿人口在农村生产和生活。为了保证他们能够共享改革发展和现代化的成果，就必须按照科学发展观的要求，努力做到城镇化与现代农业和新农村建设并行不悖地协调推进。

很显然，城镇化进程中所面临的粮、地、人压力正在增大，但城镇化必然要继续推动。因此，必须切实加大改革力度，从思想观念到有关法律、法规、政策，从已经习惯的工作方式到已约定俗成的政绩评判标准，都需要进行深入地、系统地改革。只有这样，才能保证如期全面建成小康社会和实现现代化，才能实现中华民族伟大复兴这个中国梦。

必须切实加大改革力度，从思想观念到有关法律、法规、政策，从已经习惯的工作方式到已约定俗成的政绩评判标准，都需要进行深入地、系统地改革。

延伸 | Extended readings

“三驾马车”拉动城乡一体化发展

石　军

核心提示

城乡一体化的发展，破解城乡二元体制，“开放拉动、改革拉动、管理拉动”，仍然是比较有效的方式。开放拉动，就是全面彻底地对内开放，从根本上打破农村与城市、农业与工业相互封闭体系，实现协调发展。改革拉动，就是在改革领域跟上相应的举措。管理拉动，是指依靠法律手段进行保障。

中共中央早在上世纪 80 年代末，就提出城乡一体化发展要求，并在诸多方面取得重大进展。由于城乡二元体制障碍一直没有根除，城乡一体化发展进程依然受到严重阻碍。要加快城乡发展一体化，必须突破城乡二元体制。要破解城乡二元体制，必须依靠“开放、改革、管理”这“三驾马车”拉动。

“三驾马车”理论的基本道理是：传统计划经济体制转为社会主义市场经济体制是目的，经济体制改革只是一种手段，实现体制转型目标，除了依靠改革这一手段，还要依靠开放和管理这两种手段。

破解阻碍城乡发展一体化的城乡二元体制，属于体制转型范畴，也需要“三驾马车”合力拉动。

石　军
全国政协经济委员会副主任，甘肃省原常委、副省长。

一、开放拉动打破城乡二元体制

城乡二元体制，说到底就是把农村与城市、农业与工业割裂开来，形成相互封闭体系的体制。这主要表现在：实行城乡不同的户籍制度，导致进城务工农民不能获得市民身份，无法在城市安家落户和融入城市；实行城乡不同的土地征收和交易制度，导致农村集体土地收益补偿偏低，农民土地承包权益受到损害；实行城乡不同的公共服务制度，导致财政对农村投入偏低，农民低保、合作医疗、养老保险补助标准明显低于城镇。

城乡二元体制，说到底就是把农村与城市、农业与工业割裂开来，形成相互封闭体系的体制。

实践证明，破解经济封闭体制的首要手段就是开放，破解封闭型二元体制也必须以开放打头。这是因为，不通过开放就难以真正打破重重壁垒。实际上，用开放手段破解二元体制，我国已经迈出较大步伐，如果不在城乡之间撕开口子，大量农民工就进不了城市，就谈不上在城里就业。但是，这种开放只是半开放，这种半开放不仅严重制约改革深化，而且滞后于对外开放。上海的同志算过物流运费账，同样的商品从上海运到北京，运费居然比运到美国西海岸还要贵。省际之间、市际之间、县际之间、城乡之间的“断头路”比比皆是、到处可见。至于城乡之间的壁垒更是重重叠叠，不仅表现在户籍、土地和公共服务制度上，还涉及城乡分治体制、管理方式和政策等诸多方面。

通过35年的对外开放，我们在很大程度上打破了国界；而在国内，却没有从根本上打破城乡之界以及省界、市界和县界。针对对内开放滞后问题，一些学者提出了许多很有见地的观点和建议，上海交通大学魏陆教授曾提出：“上海扩大对内开放的一个定位、五个原则和五条措施”；新加坡国立大学东亚研究所所长郑永年教授明确提出：“推进改革的关键在对内开放”；北京大学国家发展研究院余淼杰教授直截了当提出：“对外改革、对内开放。”许多地方像北京市还专门出台了关于扩大对内开放促进经济发展的若干规定。现在，我们破解城乡二元体制，实际上就是在半开放基础上进行全面彻底的对内开放，就是要从根本上打破农村与城市、农业与工业相互封闭体系，就是把农村和城市、农业与工业有机联系起来，充分发挥工业和城市对农业和农村发展的辐射带动作用，实现工业与农业、城市与农村协调发展。

通过35年的对外开放，我们在很大程度上打破了国界；而在国内，却没有从根本上打破城乡之界以及省界、市界和县界。

我们破解城乡二元体制，实际上就是在半开放基础上进行全面彻底的对内开放，就是要从根本上打破农村与城市、农业与工业相互封闭体系，就是把农村和城市、农业与工业有机联系起来，充分发挥工业和城市对农业和农村发展的辐射带动作用，实现工业与农业、城市与农村协调发展。

在党的十八届三中全会和中央经济工作会议上，习近平总书记对扩大对内对外开放提出了明确要求。李克强总理也在区域发展与改革座谈会上明确指出，“在扩大开放中扩大内需，既需扩大对外开放，又要扩大对内开放”。“对内开放潜力巨大”，“政府要转变职能，破除横向、纵向限制，打破不合理的行政壁垒和市场分割”。我们要切实统一思想认识，抓紧研究提出贯彻落实办法，积极推进对内开放。

二、改革拉动破解难点

户籍制度改革，是破解二元体制的关键，也是农民反应最强烈的问题，应当放在重中之重位置。

破解城乡二元体制，统一户籍、公共服务、土地征收和交易制度，需要在统一对内开放思想和行动的同时，紧紧跟上相应的改革举措。

户籍制度改革，是破解二元体制的关键，也是农民反应最强烈的问题，应当放在重中之重位置。一位农村种菜养殖能手，为了让两个孩子上更好的学校，带着老婆孩子到城里打工，转眼十几年过去了，一直没有解决户口问题。他说：“我已经是60岁的人了，一辈子快过去了，有没有脸面无所谓了。可孩子怎么办？孩子落不了户，上学受歧视，跟着我们飘来飘去，这算什么事啊？”他一直盼望的是改革户籍制度，使孩子能在城镇落户。

在群众呼声如此强烈、孩子上学如此困难情况下，户籍制度改革不能再拖了。必须按照党的十八届三中全会《决定》关于“创新人口管理，加快户籍制度改革”的要求抓紧进行，使符合政策的农民尽快转为完全的城镇居民。

公共服务制度改革，也要伴随户籍制度改革稳步推进。

一是要把进城落户农民在农村参加的养老保险和医疗保险规范接入城镇社保体系，以保障他们在农村缴费的时间能够延续计算。

二是要对农村转移人口实行养老保险、医疗保险、失业保险、工伤保险等基本社会保障全覆盖。

三是要使农业转移人口享有同城镇居民相同的基本住房保障服

务，在子女就学、公共卫生等方面享有同城镇居民相同的待遇。

同时，要建立完善农业转移人口市民化成本分担机制。中央和省级财政要加大对推进农业转移人口市民化的资金投入，并以常住人口作为财政分成和转移支付的依据，建立财政转移支付同农业转移人口市民化挂钩机制。另外，要对吸纳农业转移人口较多城镇的公共服务能力建设予以较多支持，以增强它们的公共产品供给能力和吸纳农业转移人口能力。

土地征收和交易制度改革也是刻不容缓，也要加快步伐。甘肃有户农民的耕地十年前被征用了，当时一共得到6万元钱补偿金。失地之后，主要依靠男主人在城里打工赚钱维持生活，但后来他身体有病了，打不了工了，补偿金也花完了，一下子陷入村里没有地、城里干不了活的困境。一家五口只能靠社会援助勉强度日。当他知道自己被征用的承包地每亩卖了300多万元之后，真是急眼了，想拼命了。

实际上，农村很多乱子都是由地引发的。农民得到的利益不公平，肯定心理不平衡。心理不平衡，自然就会导致行为不平衡。我们不应去指责这样的上访者，而应很好地反思制度上的问题。现在，有些人对农民进城打工“两头占”有意见，认为应把进城务工农民的土地收回来。这不是可行的办法，绝不能这样简单从事。最应该办的不是收地，而是改革。当前，最迫切的任务是“在坚持和完善最严格的耕地保护制度前提下，赋予农民对承包地占有、使用、收益、流转及承包经营权抵押、担保权能，允许农民以承包经营权入股发展农业产业化经营”。实践证明，这才是最公平、老百姓最拥护的办法。最近，北京市朝阳区的三间房乡把农民的土地承包权转化为入股权，通过入股使农民得到土地收益权，并通过进入入股企业工作，获得工资性收入。这样的制度安排，不仅解决了现行土地征收和交易制度的弊端，而且保障了农民的长期稳定的利益。

农村很多乱子都是由地引发的。我们不应去指责这样的上访者，而应很好地反思制度上的问题。

三、管理拉动保障改革实施

这里说的管理，是指法律、规章、规范、标准的制定、实施、检

管理，是指法律、规章、规范、标准的制定、实施、检验和修订完善的过程。

验和修订完善的过程。毫无疑问，破解城乡二元体制、统一户籍、公共服务、土地征收和交易制度，都离不开管理这驾马车拉动，都必须依靠法律手段进行保障。

习近平总书记在党的十八届三中全会讲话中指出，“这次全会提出的许多改革举措涉及现行法律规定。凡属于重大改革要于法有据，需要修改法律的可以先修改法律，先立后破，有序进行。有的重要改革举措，需要得到法律授权的，要按法律程序进行。”当前，我们应当抓紧做好以下三项工作。

1. 要对过去制定的相关法律法规进行修改完善

这主要包括《中华人民共和国户口登记条例》《城市房屋拆迁条例》《土地管理法》。

《户口登记条例》是1958年出台的，这个条例的出台标志着中国严格限制农村人口向城市流动为核心的户口迁移制度的形成。改革开放后，全国实行了暂住证制度，有些地方进行了户籍制度改革。这虽然在一定程度上弱化了户籍壁垒，但仍然没有从根本上改变原有的户籍制度。在土地征收和交易领域，城市住户是按照《城市房屋拆迁条例》、农村居民是按照《土地管理法》来确定补偿方式的。两种不同的补偿方式导致了城乡居民土地收益的天壤之别。

在土地征收和交易领域，城市住户是按照《城市房屋拆迁条例》、农村居民是按照《土地管理法》来确定补偿方式的。两种不同的补偿方式导致了城乡居民土地收益的天壤之别。

现在看，与这三部法律法规类似的法规还有不少，也都明显存在诸多亟待修改完善的问题。

一是有些法规极不公平合理，亟待按照公平公正原则进行修改。

二是有些法规已经过时，应当按照当前形势和发展趋势修订完善。

三是有些法规只有原则性规定，甚至条文之间相互矛盾，迫切需要调整和细化。

四是有些法规部门色彩突出，注重强化部门权利和权益，而弱化了相应责任和义务，需要站在全局高度进行修订完善。

2. 要根据改革、开放积累的成功经验和做法制定新的法律法规

改革开放以来特别是近几年来，我国在推进城乡发展一体化中推出了若干行之有效的政策，地方在实践中也积累了诸多成功经验。比如，统筹城乡规划、推进城乡基本公共服务均等化等政策和土地入股、随迁子女就地入学等做法，都是制定新的法律法规的依据和基础。认真总结这些经验和做法，依据改革和未来发展的要求，抓紧研究制定一批像加强常住人口管理和统一城乡建设土地市场等促进城乡一体化发展的法律法规是当务之急。

3. 要抓好法律法规的有效实施

从目前看，必须坚持“两条腿走路”，一方面要强调法律体系的完备性，抓紧修订和制定新的法律法规。另一方面要切实维护法律的权威性，确保法律法规的有效实施。

实践告诉我们，抓好法律法规的有效实施，比制定法律法规要难得多，必须下更大功夫才能取得成效。

实践告诉我们，抓好法律法规的有效实施，比制定法律法规要难得多，必须下更大功夫才能取得成效。

一是要全面树立法治意识。

要清醒看到，目前我国轻视法治的思想还没有彻底根除，法律远未成为规范和约束社会各主体行为的“第一准则”。这就需要健全社会普法教育机制，在广大干部和群众中宣传与普及依法办事的观念。

二是要切实维护法律的权威。

现在，仍有许多行政部门重批示轻法律，凡事习惯按领导指挥棒转；有些司法部门执法违法，甚至仍在以法谋私。这就需要真正把权力关在法律笼子里，用法律管住权力。

三是要切实加强法律实施的监督，严厉查处“有法不依、违法不究、执法犯法”的行为。

需要说明的是，“开放、改革、管理”这“三驾马车”是一个有机整体，必须统筹运用、协同行动，不能顾此失彼。它们之间又是动态变化的，哪一方面矛盾和问题突出，就应该相应强化。

名家观点 | Experts' viewpoints

朱高峰 中国工程院原副院长、中国工程院院士

城镇化要解决生活质量、发展和就业问题

所谓城镇化，简单地说，就是农业人口变成城镇人口。所谓现代的城镇化，就是我们要有一个科学合理的产业结构、社会结构。农业、农民要变成工业、市民，最终实现国家的现代化。人的问题是城镇化过程中一个很大的问题。

服务业的发展对城镇化建设中的产业结构优化至关重要。首先是解决人的生活质量问题，其次是解决人的发展问题，第三更重要的是解决人的就业问题。

服务业包括生产性服务业、生活性服务业和公共服务业。其中，生产性服务业围绕着第一产业和第二产业，为其提供研发、管理流通和销售等服务。

生活性服务业可以提升居民的生活质量并提供数量庞大的就业岗位。

公共服务业，其中最主要的是医疗和教育行业。公共服务均等化说起来容易做起来难。解决需要比较长的过程，但是必须要解决。

徐宪平 国家发改委副主任

消除制约城镇化发展的体制机制障碍

中国城镇化是在人口多、资源相对短缺、生态环境比较脆弱、城乡发展不平衡的背景下推进的，这决定了必须从基本国情出发。

我们认为，未来中国城镇化发展的主要战略任务是：

第一，要有序推进农业专业人口市民化，要逐步解决现有2亿多和每年新增1000多万农民工的半市民化的问题。通过统筹推进，户籍制度改革和基本公共服务均等化按照因地制宜，分类推进的原则，逐步把符合条件的农民工转为居民，全面放开小城镇的落户限制，有序放开中小城镇的限制。

第二，要优化城镇化的布局和形态，合理地规划未来城镇人口空间布局，促进各类城市功能互补、协调发展。

第三，提升城市可持续发展能力，有效地预防城市病。要增强城市经济基础设施、公共服务和资源环境对人口的承载能力，优化城市空间结构。

第四，要促进城乡发展一体化，逐步缩小城乡差距，促进城乡共同繁荣。要坚持工业反哺农业，城市支持农村，多予少取放活的方针，逐步推进城镇规划、基础设施、公共服务的一体化，完善城乡发展一体化体制机制，促进城乡要素，自由流动、平等交换和公共资源均衡配置。

第五，创新体制机制。理清政府和市场在推进城镇化过程中的作用，加快消除制约城镇化健康发展的体制机制障碍，充分释放城镇化的潜力，为中国经济社会发展给予持久的动力。要加强制度的顶层设计，统筹谋划和大力推进户籍制度、土地制度、社会保障、财税金融、行政区划等方面的改革。逐步剥离附加在户籍上的福利待遇，健全户籍制度和居住证制度有效衔接的人口管理制度，探索实行城镇建设用地增加规模，与农业专业人口落户数量相挂钩的政策。建立可持续的城市公共财政体系和投融资机制为实现城镇基本公共服务、常住人口全覆盖和城市基础设施建设提供资金保障。

要加强制度的顶层设计，统筹谋划和大力推进户籍制度、土地制度、社会保障、财税金融、行政区划等方面的改革。

胡存智　国土资源部副部长

城镇化转型土地制度须做五方面改革

在城镇化转型发展过程中，对土地制度进行适度改革，主要从五方面考虑。

第一，坚持用途管制制度，优化国土空间格局，增强城镇化健康发展的空间保障能力。主要通过加强规划、建立规划的评估调整制度，完善土地用途专用制度。

第二，完善节约集约用地，促进城镇化的转型。仅靠新增建设用地无法可持续推动城镇化发展，因此，要通过集约节约用地，盘活现有用地来推动城镇化发展。

第三，提前谋划可持续的制度供给，逐步疏解城镇化发展对土地财政的依赖。目前通过土地出让筹集土地发展的资金，运行还是很畅顺的。但是，随着城镇化进程的发展，土地的收益空间被成本上升所抵消，因此要进一步考虑制度的可持续发展。

第四，重视城镇化过程中的人地矛盾，协调好土地利益的关系。这里面涉及三方面改革。

一是，改革土地征收制度，包括缩小征地范围，严格征地程序等；

二是，改革完善集体建设用地的使用制度，实施有偿使用，特别是经营型用地；

三是，深化集体土地产权制度的改革，进一步推进所有权的实现方式和使用权的有偿流转。

第五，必须坚持保护耕地的红线，巩固城镇化发展的现代农业的基础。粮食安全问题是城市化健康发展的重要前提，坚守18亿亩耕地红线是确保粮食安全和生态的基础，坚决不能动摇。

喻新安　河南省社会科学院院长

城镇化要“人的无差别发展”

城镇化发展的重点是要服务于“人的无差别发展”。

城镇化发展的重点是要服务于“人的无差别发展”。

新型城镇化的核心是着眼于农民，涵盖农村，实现城乡基础设施一体化和公共服务均等化。

要强化政府基本公共服务供给的责任，推进建立包括农民工在内的基本公共服务体系，探索农业人口市民化的成本分担责任和时间安排。加快促进失地农民充分融入城市，有效降低农民工城市落户的门槛。

要改变为城镇化而城镇化的思维定式，着力提升城镇的生活质量和幸福指数。

要改变关注重点：突出协调发展，突出文化品质，突出城镇特色，突出绿色低碳，突出人性化的社会管理和服务创新。

“新土改”新在哪儿

03

KEEPING THE
MINUTES OF CHINA
WITH THOUGHTS

主题

陈锡文　城镇化进程中面临的两大突出问题

延伸

华　生　土地制度改革六大认识误区

周其仁　让既得利益者推动土地改革

名家观点

厉以宁　郑新立

宋圭武　李国祥

主题 | Key Articles

城镇化进程中面临的两大突出问题

陈锡文

核心提示

城镇化进程中涉及的农村土地问题很复杂，当前突出的两大问题：一是征收农民集体土地问题；二是农地经营的形式和规模问题。正确把握这两个问题，在推进新型城镇化建设中至关重要。

一、征收农民集体土地问题

征收农民集体土地是城镇化进程中面临的最突出问题之一。

在现行法律体系下，城镇在地域上的扩张主要是依靠政府征收农民集体的土地来实现。征收的农民集体土地，不仅为城镇发展提供了投资载体，而且为城镇建设提供了巨额资金，但农民为此则付出了巨大的代价。

人们对现行的农地征收制度批评很多，中央也早就明确了改革征地制度的基本方向。

2003 年，党的十六届三中全会决定提出：按照保障农民权益、控制征地规模的原则，改革征地制度，完善征地程序。严格界定公益性和经营性建设用地，征地时必须符合土地利用总体规划和用途管制，及时给予农民合理补偿。以后又逐步完善。

2008 年，党的十七届三中全会决定提出：改革征地制度，严格界定公益性和经营性建设用地，逐步缩小征地范围，完善征地补偿机

陈锡文
中央财经领导小组办公室副主任、中央农村工作领导小组办公室主任。

制。依法征收农村集体土地，按照同地同价原则及时足额给集体组织和农民合理补偿，解决好被征地农民就业、住房、社会保障。

这些年来，在提高征地补偿标准和落实被征地农民的社会保障等方面有明显进步，但关于严格界定公益性和经营性建设用地、逐步缩小征地范围的改革则尚未启动。

征地制度改革涉及复杂的利益关系调整，牵一发而动全身，改革的难度极大。

征地制度改革涉及复杂的利益关系调整，牵一发而动全身，改革的难度极大。目前看，至少还存在法律问题、土地财政和土地利用中的利益矛盾这三方面的障碍。

1. 法律问题

宪法的有关规定是：城市土地属于国家所有。虽然宪法规定国家依法征收土地的前提是为了公共利益的需要，但《土地管理法》的规定却是：任何单位和个人进行建设，需要使用土地的，必须依法申请使用国有土地（农民和农村集体组织经依法批准使用本集体组织所有的土地进行建设的除外）。因此，相关的法律条款不做修改，征地的范围就难以缩小。

2. 土地财政问题

随着征地规模的扩大和土地价格的提高，征收农民集体土地与地方政府财政的关系也越来越紧密，土地出让收入已经在地方（主要是市、县两级政府）财政收入中占据重要地位。因此，改革征地制度，对地方政府的财政收支影响极大。

据有关部门统计，全国土地出让金收入，2008 年是 10375 亿元，2009 年是 13965 亿元，2010 年是 29110 亿元，2011 年是 33166 亿元。同期与房地产相关的地方税收收入分别为：2008 年为 5880 亿元，2009 年为 7687 亿元，2010 年为 10417 亿元，2011 年为 8379 亿元。将此两项合计作为土地财政收入，从 2008 年到 2011 年分别占地方财政的比重为 25.12%、28.11%、37.19%和 31.59%。考虑到省、自治区政府并无直接的土地出让收入，因此，市、县两级政府土地财政收入的比重显然更高。

但情况正在起变化。

一是国内外经济形势的变化影响着土地出让的情况。2012 年土地出让收入同比减少了 18.9%。

二是近年来征地拆迁补偿的支出在明显提高，导致土地出让纯收入的比重快速下降。这表明，即便是为了地方政府的土地财政收入，再沿着现行的土地征收办法走下去，土地财政也将越来越成为“鸡肋”。

3. **土地利用中的利益矛盾**

据有关部门统计，2012 年二季度全国不同用途的土地平均出让价格为：商业服务业用地为 5728 元 / 平方米，住宅用地为 4522 元 / 平方米，工业用地为 659 元 / 平方米。工业用地的价格仅相当于商服用地价格的 11.5%、住宅用地价格的 14.6%。这样的供地价格结构表明，政府在出让工业用地时绝大多数是亏本的，但为了今后的税收和就业，亏本也要出让工业用地。为了既保证工业用地的低价格，又实现土地征收出让中的资金平衡，地方政府就不得不一手压低对被征地农民的补偿水平，而另一手又不得不抬高对城镇住宅和商业服务业用地的供地价格。其结果是导致被征地农民和城镇居民两方面都强烈不满。

过低的工业用地供地价格，一方面使被征地农民和城镇居民的利益严重受损，另一方面又引发相当部分工业企业可以不顾投资成本而无序扩张。在某种程度上可以说，这是制约经济发展方式转变、产业结构调整升级的一大原因。当初为了做大加工制造业，这样做有其必要性和合理性。但到了现在，我国已经成为全球制造业的第一大国（据美国经济咨询公司环球视通的数据，2010 年中国制造业的产出占世界总额的比重为 19.8%。已超过美国，为世界第一），已被人称为“世界工厂”，且有些产业的产能已明显过剩。在这样的背景下，如再不改变对工业用地供地的低地价，甚至零地价的做法，将后患无穷。

过低的工业用地供地价格，一方面使被征地农民和城镇居民的利益严重受损，另一方面又引发相当部分工业企业可以不顾投资成本而无序扩张。在某种程度上可以说，这是制约经济发展方式转变、产业结构调整升级的一大原因。

4. **推进征地制度改革的条件正在逐渐成熟**

综合上述几方面的原因，可以说推进征地制度改革的条件正在逐渐成熟。

政府征地行为在世界各国都有，但征地权力的使用，是被严格限制在满足社会公共利益需要的范围之内的。世界各国的城市化都要使用农地，政府的职责是组织社会做好土地利用规划和建设规划，并严格按照规划对土地的利用实行用途管制。

韩国在大规模推进城市化时，实行过对农村土地的“区段征收”制度，即在按规划改变农村土地用途时，规定农民把被征收土地的40% ~50%交给政府，由政府以此进行融资开发和安排基础设施建设，其余土地可由农民按新用途的价格自行处置（农民可以选择货币补偿、“折价地”补偿，或两种补偿组合使用），政府再依法对土地交易实行税收调节。

通过这样的方式，既保证了城镇建设按规划进行，又促进了城镇建设用地按市场价格机制使用，还使得城镇化同时也成为富裕农民的过程。我们应当借鉴别人的有益经验，审时度势、与时俱进地改革城镇化进程中的征地制度，使它更加符合中国特色社会主义市场经济体制的要求。

对农村土地实施“区段征收”制度，既保证了城镇建设按规划进行，又促进了城镇建设用地按市场价格机制使用，还使得城镇化同时也成为富裕农民的过程。

当然，除了征地制度的改革外，还必须大力推进用地制度的改革，尤其是工业用地，如不改变现在这种粗放的、不合理的用地方式，再征多少地也是不够用的。

目前的工业用地有很大的节约余地。据对上海市松江区漕河泾新经济园的调查，该园采取对入驻企业出租生产经营用房为主，在建设中努力向空中和地下发展，扩大公共空间；在招商中坚持选择高技术、高增加值、高影响力和高集约度的企业，取得明显的节约土地和高产出的效果。2011 年，该园区已入驻企业 190 余家，平均每个企业用地不足 1.5 亩。2011 年，园区每平方公里平均产出 136 亿元，而上海市级以上开发区每平方公里产出为 60 亿元。该园区所在的松江区其他的 1.26 万家工业企业已使用土地 11 万亩，平均每一工业企业用地近 9 亩。全区其他工业企业 2011 年上缴税收 110 亿元，平均每亩土地产生税收 10 万元，而漕河泾新经济园平均每亩土地的税收达到了 60 万元。同时，漕河泾新经济园还注重带动农民致富，在足额支付每亩 26 万元征地补偿款后，又与园区所在地的新桥镇按 6∶4 的比例共同出资 1 亿元注册成立园区开发公司。2011 年公司共分配红利 6000 万元。其中，新桥镇分得的 2400 万元红利，在被征地农民的强烈要求下，只分配了 1000 万元，余下的 1400 万元拟与园区方商议用于增加注册资本金。

二、农地的经营形式和规模问题

这个问题看似与城镇化并无直接联系，但实际则不然。因为农地的经营形式和规模在很大程度上决定着农民的数量，也决定着城镇化进程中农村人口向城镇转移的规模。

> 农地的经营形式和规模在很大程度上决定着农民的数量，也决定着城镇化进程中农村人口向城镇转移的规模。

1. 世界上有两种农业、农村和农民

一是以亚洲、中东和西欧等地区为代表的传统国家的农业。由于农业发展史漫长，人口繁衍众多，农业的基本特点是人多地少，农村的特点是人们依村庄集居。农民的特点是有明显的血缘地缘关系，因此相互守望，以解决水利和农忙季节的变工插犋等农业生产中的关键问题。

二是以南北美洲和澳洲等为代表的新大陆国家的农业。其特点是农业开发史短，人口密度低，农业的基本特点是人少地多，农村的特点是人们分散居住于自己的农场，由于早期都是移民，加上农场规模大，因此农户（农场主）之间并无多少生产、生活上的直接联系。

以上这种差别，本质上是由这两类国家的农业资源禀赋、社会发展历史存在着极大差别而造成的。因此，它们之间不仅仅有着经济学意义上的差别，更多的还有着社会学、政治学等方面的差别。它们之间当然应该相互借鉴经验，但绝不能照抄照搬。

2. 农业以家庭经营为主体是我国的历史现象，也是世界性的普遍现象

农业以家庭经营为主体，是由农业自身的产业特征所决定的。农业的劳动对象是有生命的动植物，农业的本质是农业经营者控制下的动植物生命活动过程。这一不同于其他产业的特点决定：只要让农民种自己的地、打自己的粮，他就不需要别人监督也一定尽心尽力。这是农村改革基本经验的精髓，也已经被实现了农业现代化的国家所证明。

只要让农民种自己的地、打自己的粮，他就不需要别人监督也一定尽心尽力。这是农村改革基本经验的精髓，也已经被实现了农业现代化的国家所证明。

家庭经营需要有农户间的合作与联合，以及完善的农业社会化服务体系来解决一家一户办不了、办不好、办起来不经济的事情。这就是现代农业必须实行统分结合的原因。

公司制的农业由于需要雇工，因此它必须具备类似工厂化生产中对劳动便于监督和对产品实行即时检验的条件。公司制农业在设施农业、规模化养殖等方面可能具有优势，但在大田生产中，难以具有优势，这已经被世界各国尤其是发达国家的农业发展实践所证明。应当支持和鼓励公司、企业到农村去为农民在农业的产前、产中和产后各环节提供社会化服务，开展农产品营销和加工，开发农民和农村集体组织无力开发的闲置资源。不应当鼓励公司、企业与农民争夺有限的耕地经营权。

比如，日本对公司、企业进入农业有严格限制。日本有关法律规定：公司企业等法人不得购买农地；依法租赁农地的法人，不得改变农地用途；公司的销售收入必须主要来自农业；公司股东必须以农民为主；公司专务（相当于执行董事）必须以从事农业经营活动为主等。我国台湾地区的有关法律规定：私法人（以盈利为目的的公司企业）不得购买农地。这些规定都体现了农地只能用于农业、农地应当主要由农民来经营的原则。

我国农户的土地经营规模小（户均约 7～8 亩），但这不是由国家的法律和政策造成的，而是由基本国情和当前的发展阶段决定的。

3. **农地的经营规模，必须符合本国的基本国情和经济社会发展阶段的要求**

我国农户的土地经营规模小（户均约 7～8 亩），但这不是由国家的法律和政策造成的，而是由基本国情和当前的发展阶段决定的。随着工业化、城镇化的推进和农业人口的转移，农村的土地承包经营权已经在逐步流转和集中。到 2012 年 6 月底，流转了承包经营权的耕地已达2.56亿亩，占农户土地承包经营权合同面积的约20%。相信随着农业人口的进一步转移，农村流转承包经营权的耕地面积将会继续扩大。

当前制约农村土地承包经营权流转的因素主要有三个：

一是法律虽已明确农村土地承包经营权为农户的用益物权，但实践中对农民的这一财产权益仍保护不够，农民对流转后可能失去土地权益的担心仍然较重；

二是农村土地承包经营权流转市场的发育明显滞后，土地流转的供求信息不通畅、不对称，对土地流转的各项服务满足不了需求，客观上影响了流转；

三是转移进城的农民基本上尚未能真正成为市民，各种后顾之忧阻碍了土地流转。从这个角度看，农村土地承包经营权的流转和集中，与其说是地的问题，不如说是人的问题。只有真正实现了农业人口的转移，耕地的流转和集中才能水到渠成。因此，要想真正促进土地经营权的流转和集中，就应当把更多的精力放到农业人口的转移上。

农村土地承包经营权的流转和集中，与其说是地的问题，不如说是人的问题。只有真正实现了农业人口的转移，耕地的流转和集中才能水到渠成。

土地的经营规模到底多大才合适，这必须充分考虑国情和发展阶段的实际。提倡适度规模经营，什么是适度？不同国家的不同发展阶段和不同地区也会有不同的要求。

日本目前有465万公顷耕地（合6975万亩），260万农户，平均每户1.8公顷（27亩），但扣除北海道之后，日本本岛的户均农地经营规模是1.2公顷（18亩）。2011年年底，日本政府制订了加快扩大农地经营规模的计划，试图经5年努力，实现每一农业经营体在平原地区经营水稻20公顷的目标。为什么是20公顷？据日本农林水产省官员介绍，在日本现有农业生产条件下，水稻生产从1公顷扩大至10公顷时，稻谷的单位生产成本是逐步下降的，但到10公顷后再扩大面积，单位产品的成本就难以下降了，因此10公顷是技术经济的最佳要求；但是，农户只种10公顷水稻，如果不兼业，收入仍达不到城乡住户的平均水平。因此，要使水稻生产的专业农户达到当地户均收入水平（约600万日元/年），就需要把经营规模扩大到20公顷。届时日本需要的农民为90万人，平均每个农业劳动力约经营5公顷耕地，这是日本认为的适度经营规模。但在实现这一目标过程中，日本基本不需要考虑农民的转移就业问题。日本目前的260万农户中，65岁以上的农民占68%。5年后，70岁以上的老年农民基本都已退出农业生产，要保持90万农民的目标，还需要有年轻人来补充。因此，日本在考虑农地经营规模问题时的约束条件比较简单。

我国则不仅需要研究土地适度经营规模的度，更需要考虑实现这个度将要转移多少农民，转移出农业的农民如何实现新的就业等更为复杂的问题。上海市松江区的农村近年推进家庭农场，平均规模为100~150亩，夫妻俩经营一稻一麦（或一季稻一季油菜），年纯收入可达7万至10万元（亩均纯收入约700元），如果再代为畜牧公司养猪，还可增加纯收入6万元左右。但发展这样的家庭农场，至少要有两个条件，一是农业劳动力基本都已经转移，二是政府要有补贴农户和提供农业社会化服务的财力。据了解，对这样的家庭农场，当地政府对每亩农田每年的补贴在480元左右，如果扶持农户养猪，还需要补助建设猪舍的资金。

我国不仅需要研究土地适度经营规模的度，更需要考虑实现这个度将要转移多少农民，转移出农业的农民如何实现新的就业等更为复杂的问题。

同时，还要算农民转移的账。户均经营100亩农地，如果普遍化，整个上海郊区只需要3万农户就可以了，因为上海只有300余万亩耕地（当然还有种菜、种果、种花的农户，还有为农业提供服务的人员等，实际从事农业和与农业有关的劳动者还会更多）。如果全国农户经营的土地规模扩大到100亩，那就只需要约1800万农户。但我国2009年还有农业经营户1.98亿户，其中纯农户达1.67亿户。要转移出约90%的农户，这显然不是短时期内可以办到的。

土地经营规模的扩大，不仅需要考虑二、三产业和城镇对农村转移劳动力和人口的吸纳能力，还需要考虑土地资源和国家对农业补贴资金的合理分配。因此，中央一再强调要解决好“三农”问题，而不是只考虑农业效率这个单一问题。否则，只考虑农业的效率，把耕地交给少数人去经营，农业效率是提高了，但如果大量农民的转移就业问题没能解决好，那引出的社会矛盾可能会更多、更复杂、更难以处理。

应当坚持和完善以家庭承包经营为基础、统分结合的双层经营这个我国农业的基本经营体制，促使家庭经营和统一经营在新形势下实现“两个转变”：家庭经营向集约经营转变；统一经营向综合发挥集体经济、农民专业合作组织、农业社会化服务体系和农业产业化经营体系作用的方向转变。以此推进农业经营体系的创新和完善。特别是要把发展多种形式的农民新型合作组织和多层次、多渠道的农业社会化服务组织作为扶持的重点，逐步形成具有中国特色的集约化、专业化、组织化、社会化相结合的新型农业经营体系。

“两个转变”：家庭经营向集约经营转变；统一经营向综合发挥集体经济、农民专业合作组织、农业社会化服务体系和农业产业化经营体系作用的方向转变。

延伸 | Extended readings

土地制度改革六大认识误区

华　生

核心提示

当下，土地制度改革中许多似是而非的观念俨然成了正统和主流。怎样认识和辨别土改中的六大认识误区？必须跳出土地行政指标层层分解严格控制的思维惯性，突破土地财政的恶性循环，紧紧围绕人口城市化这个主线，才能看清大格局，不做井底之蛙。

我国城镇化发展的主要问题是土地城市化与人口城市化脱节，以至有两亿多农民工徘徊在城乡之间，几千万留守儿童与父母分离，这是中国现代化转型和人力资本升级的主要障碍。

有意思的是，在新一轮制度改革的讨论中，人的城市化往往被一笔带过，而土地的非农使用即城市化使用却吸足了眼球。土地制度改革中许多似是而非的观念俨然成为正统和主流，我们试对当下流行的几个主要提法逐一剖析。

误区一　严格区分公益性与非公益性用地，缩小征地范围。

这个思路听起来完全正确，但这几年在实践中恰好是反其道而行之。当然如果真去做也完全不可行，故而口号与政策实践直接冲突，没有任何积极意义，只是造成了思想混乱，原因在于这个口号本身就是脱离实际的空谈。

华　生
经济学家、东南大学经济管理学院名誉院长。

首先，按这条思路去做，非公益性用地由市场谈判，公益性征地政府出钱，那么这意味着政府现行土地收益全部丧失，相反还要另外筹巨资进行公益土地征收和基础设施建设。这对于现在靠卖地还深陷债务泥潭的地方政府而言，显然是天方夜谭。

因此，真要实行这条思路，先要停止土地财政，解决现有债务，还要给地方政府提供公益征地和城市基础建设的巨额资金来源。在所有这些条件都根本不具备也不可能具备的情况下，区分和停止非公益征地当然只能是空话。

其次，如果真解决了地方政府的债务和资金来源问题，那么我们是否就真能严格区分公益性非公益性用地去改革征地制度呢？其实在城市化的快速发展转型期，这也是不可能的。

我们是否真能严格区分公益性非公益性用地去改革征地制度呢？在城市化的快速发展转型期，这是不可能的。

在一个城市的城区扩大时，其所占用的公益性用地如道路、桥梁、绿地、公共设施等用地一般就要占四分之一左右，市场价值最高的商住用地大约也只占四分之一，另有一半是行政事业和产业等用地。公益用地分散在整个城区，与其他用地犬牙交错。挑选公益用地单独征收，根本无法操作。对被征地者来说，近在咫尺的邻居或邻村因为被规划为商住用地就可通过市场谈判要到高价，自己被规划为产业或公益用地就只能拿低价，这是根本行不通的。对公益用地征收来说，出低价人家不干，全按市场最高的商住用地出高价，政府出不起，对公共财政和纳税人也不公平。

所以，这些年虽然提出了区分公益与非公益用地的口号，但政府颁布的政策却是征收土地实行“同地同价”，即同一块土地，不论其中各部分以后的用途是什么，都按一个价格征收补偿。这里的价格确定虽然有主观随意性，但至少在形式上对被征地者一视同仁，可以操作。否则相邻的土地，张三补高价，李四补低价，显然太过荒唐，也完全行不通。这是在实践中政府推行的“同地同价”，即不分公益非公益，都按一个价统一征收补偿的原因。

实际上，国际经验也验证了这一点。在二战后实现经济起飞和快速城市化转型的经济体，如日本、韩国和我国台湾地区，都学习当年西欧特别是德国的经验，把旧城改造、新城区扩展统统列为公益事业，这样一来，至少在城市化转型阶段，就几乎没有什么非公益用地了。

所以，我国原有的土地财政和征地模式当然要做重大改革，但沿着现在流行的所谓区分公益非公益的思路走，看似捷径，其实是条死胡同。

我国原有的土地财政和征地模式要做重大改革，沿着现在流行的所谓区分公益非公益的思路走，其实是条死胡同。

误区二　集体土地应与国有土地同地同权同价。

土地性质不应按所有制区分，表面上看完全正确，也是这种观点义正词严、觉得自己立于不败之地的自信所在。不过这个命题其实偷换了一个概念，就是我国恰好将城市土地规定为国有，农村土地规定为集体所有，因此真实的问题不是土地的所有制区分，而是农村土地与城市土地的区别。

因为即便是同一种所有制，如在台湾城乡土地都可私有，农地与市地（台湾的叫法）的区别依然巨大。所以台湾有“农地如粪土、市地是黄金”的说法。中国大陆也是一样，国有农场的土地在农村，同属国有土地它能否与城市国有土地“同地同权同价”呢？当然不能。相关法规明确规定，国有农场的土地只能与农村集体土地一样对待。可见，用途和规划管治是高于所有制的。

农村与城市土地的根本区别不在所有制，而在用途与规划。在一定意义上说，所谓城市和乡村之分，就是土地用途和规划不同。

农村与城市土地的根本区别不在所有制，而在用途与规划。在一定意义上说，所谓城市和乡村之分，就是土地用途和规划不同。如果规划相同，那就没有城市农村的差别了。这些年发展起来的新城区，都是因土地用途和规划改变投资建设从农村改变而来的。因此，在城乡土地问题上仅拿所有制说事，是把形式和表面当成了问题的实质。

那么，城乡的建设用地可否同地同权呢？问题是即便城市建设用地也是分为各种不同类型的，如商住、工业、道路等，各个类型之间并不同权。同种类型的地因规划不同也不同权。因此，离开各种建设用地类型及每块地不同的规划要求，无论城乡都不存在什么同地同权一说。

离开各种建设用地类型及每块地不同的规划要求，无论城乡都不存在同地同权一说。

进一步说，现在农村的所谓经营性建设用地，是原乡镇企业用地转化而来，充其量是个工业用地。我们知道城市工业用地与其他建设用地就不同权。城市工业用地本身也是就项目论价，每块地都不是一个价，也就是说，城市工业用地本身就不是同地同权同价，当然就更谈不上与乡镇企业用地的同地同权同价了。

当然，很多人强调城乡建设用地同地同权，主要想说农村居民的宅基地应当与城市的商品房用地同权。但他们混淆的是，城市居民的商品房用地是花钱购买而来，只有几十年土地使用权，房子面积是固定的，自己随便搭建就是违建要被拆除。农民的宅基地是年满 18 岁的村民就可无偿分得，是永久使用权，在宅基地上盖多大的房子自己也有很大的自主空间。土地性质、来源、付费、使用权年限、建筑规划要求都不相同的土地显然不是同地，当然不会同权。要使这两种土地同地同权，在法律上和经济上都要作出一系列重大修改。治大国如烹小鲜，在法律和财产关系上均未作任何改变时，就妄谈这两种土地同地同权，是要出大乱子的。

> 在法律和财产关系上均未作任何改变时，妄谈城乡建设用地同地同权，是要出大乱子的。

有人说，我们讲的同权，是指同样的抵押交易买卖的权利。城市居民可以卖房，农民为何不能卖宅基地？这是因为城市居民卖的是自己买来的商品房，而农民拥有的是按一户一宅分配的福利地。城市居民的保障房出售也有限制，不能自由买卖。城市居民卖了房还享有城市的失业、养老、医疗等各种保障保险。这些福利和保障都是不能变卖的。农民的全部保险和福利都在他平均分得的土地上，在他能移居城市落户之前，当然不能随便出售。农村宅基地流转意味改变农村一户一宅福利分地的大制度，需要整体规划，立法先行，哪里可以儿戏。

误区三　集体土地应当允许直接入市，以后城市化发展不必先征收转为国有土地，城市中可以既有国有土地，也有集体土地，权利平等地作为城市建设用地交易，形成统一市场。

我国法律现在讲的集体土地主要是指以行政村为单位的集体拥有的土地。这个集体是一个地域概念，即出生和居住在这块土地的全体农民构成了这个集体。一个人因出嫁等原因迁出，就不再是这个集体的成员。因此这个村集体是以农村封闭固定的居住方式来界定的。

但一个村庄一旦转为城市市区，固定人员的边界就被打破。城市市区的最大特点是“铁打的营盘，流水的兵”，对外开放，人来人往。显然再用固定居住在这个区域的人来定义集体是不行了，只能是以转为城区前的老村民作为集体。因此许多地方村改居后都是用股份公司的形式来持有这块土地，原村民的土地权利变成股权。从法律上说，当土地成为股份公司的财产时，它已不是集体所有，而与其他一般的公司拥有的资产没有区别，已经成为私产。公司若经营不善或被收购，就变为别的公司或个人的私有土地。也就是说，农村村庄转为城区社区后，原农村固定区域内封闭成员的集体土地所有制就自然会瓦解，城区中不可能存在以行政村为载体的集体所有制。

农村村庄转为城区社区后，原农村固定区域内封闭成员的集体土地所有制就自然会瓦解，城区中不可能存在以行政村为载体的集体所有制。

再深入一步，农村土地改革这些年来搞的“增人不增地、减人不减地”政策，就等于是把这个集体土地界定给了土地承包时的那批农民。由于新增人口即后来出生的人口都没有土地权利，这样等当年承包土地的那批人老了不在了，这个集体也就没人和不存在了，可见这个原村集体及其所有成员的消失只是时间问题。

因此，在城市化转型后，土地可以国有、私人占用（如现在城市的住宅用地），也可以土地私有，但唯独不可能存在的就是这个现在被许多人拿来作为旗帜的“集体所有”。希望将来中国城市里国有和集体土地所有制平等并存是一个不切实际的空想。从此也可以看出，如果以后城乡住宅用地全部都是国有私用，可以做到同地同权；或者以后城乡土地都是私有私用，也可以同地同权，但唯独在土地集体所有时，城乡住宅用地不可能同地同权。

如果以后城乡住宅用地全部都是国有私用，可以做到同地同权；或者以后城乡土地都是私有私用，也可以同地同权，但唯独在土地集体所有时，城乡住宅用地不可能同地同权。

误区四　农村土地自由流转、抵押、交易买卖最符合农民利益。

这种观点有一个最强有力的理由：农民可以卖粮卖菜，为何不可卖地？难道农民多一项权利反而不利于农民吗？这种观点强调，不必担心有农民会因赌博受骗或生计被逼卖地，农民很聪明，农民的利益自己最懂得如何保护。

这种貌似铿锵有力的论证，其实主要混淆了两类不同的农民的概念。对于不在城郊的中国绝大多数农村而言，有两类农民。一类是准备不当农民、卖房卖地的原农民，一类是准备继续当农民的真农民。

对前一类农民来说，他们确实不反对甚至欢迎土地的自由交易（只要村镇不借着这个名目软硬兼施地强迫他们流转）。但是他们也很明白，无论怎么自由，他们的那点土地、房子远离城市，在市场上卖不了两个钱。对他们来说最需要和最重要的是他们不当农民后能够在就业城镇安家落户、家庭团聚、安居乐业，而不致年龄一大，又被迫返乡（这是今天绝大多数人的情况），那样他们既不能在城镇安居，回乡又失地失房，这是他们最可怕的噩梦。故他们中的大多数人如果不是被迫，并不愿意放弃土地得一点小钱，而更愿意留着土地做个退路和保险。只有当他们真正在城市安居，融入城市成为市民，他们自然会考虑家乡土地处理。由此可见，打着为农民的旗号，要农民土地赶快流转，着急的并非农民，而是另有自己考虑的政府和另有所图的资本。由于资本去与每家每户谈判交易成本太高，因此资本下乡必有好大喜功的地方政府和官员引路、组织和操刀，因此这种流转行政干预的力度自不待言。

打着为农民的旗号，要农民土地赶快流转，着急的并非农民，而是另有自己考虑的政府和另有所图的资本。

对准备继续务农的真正农民而言，他们欢迎离开的农民把土地流转给自己，但土地不加限制面向任何人的自由流转，并不符合他们的利益。因为在那种情况下，农民靠种地收益能付得起的那一点流转费根本无法与实力雄厚、可以将土地非粮化乃至非农化运作的城市工商资本竞争，因而土地自由流转不会使他们的经营规模扩大和经济状况改善，相反会因工商资本拿走大量土地进一步恶化他们的处境。这是为什么在城市化转型期日本、韩国和台湾地区都严禁资本下乡购地的原因，也是美国最大的九个农业州立法限制农业土地资本化公司化经营的原因。因此，限制农地面向任何人的自由流转交易权，恰恰是真正务农农民利益的要求。限制土地自由交易反而保护农民这句话并不荒唐，而是真真实实的道理。

限制农地面向任何人的自由流转交易权，恰恰是真正务农农民利益的要求。

实际上，纵观全球，即使是人少地多的美国，家庭经营也是农业生产的主导形式。对于人多地少的中国来说，即便 20 年后城市化率达到 70% 以上，仍会有 4 亿多农村人口，每家平均经营规模也只有二三十亩地，更接近于日、韩专业农户规模。因此，资本下乡搞大农场脱离了我国人口资源的客观条件，只会加剧我国农村人口的流民化。

资本下乡搞大农场脱离了我国人口资源的客观条件，只会加剧我国农村人口的流民化。

误区五　小产权房是农民要求自主城市化的抗争，有其合理性，应在交纳一定的土地出让金后合法化。

这个命题中的农民概念也被偷换了。能盖小产权房的农民不是广大农村的绝大多数农民，而是城中村和城郊的原住民。这些城中村和城郊的原住民其实主要已不务农，而是当起了地主房东，很多靠土地过上了寄生生活。这是因为在城市化过程中土地价值发生了严重的分化，城市郊区土地迅速升值，而广大偏远地区的土地则价格低廉，同样一亩地价差可达百倍、千倍。

在城市化转型时代，重要的已经不再是占有多大的土地，而是占有哪里的土地。由于土地价值的升值和分化既不是由于土地天然的肥沃程度，也不是土地占有者的投入造成，而是由于人口聚集、公共财政集中投入和土地的用途和规划管制造成的。因此，城市化过程中对城市及城郊土地增值的重新分配（即孙中山所说的涨价归公），就和农业社会中平均地权的土地改革一样，对于保证社会财富分配的公平公正，具有决定性意义。在用途和规划管制下，规划就是钱，原住民的土地无权自由流转入市获益，否则，既破坏了社会公正，也是对占人口绝大多数的外来进城农民利益的挤压和伤害。

原住民的土地无权自由流转入市获益，否则，既破坏了社会公正，也是对占人口绝大多数的外来进城农民利益的挤压和伤害。

小产权房是城郊农民搭城市基础设施便车的逐利行为，本来没有任何必要美化。只要法治松弛，城市住宅用地即大产权地上居民违章乱建一样失控，是否也交点土地出让金合法化呢？许多地方小产权房在一波波抢建中盖到二三十层，城区中在楼顶上建别墅等现象说明人的贪欲没有止境。因此，城乡所有违章建设都是破坏用途和规划管治、法治不彰的产物。在任何法治国家都是不可想象的。治理小产权房和所有违章建筑用过去合法、今后不准的办法只会刺激更大规模违建。真正的治理之道是区分不同情况，处罚得当，使小产权房及一切违规建设者付出必要的代价，不能轻易获利。这样才能恢复守法不吃亏、违法不得益的法治精神，杜绝后来者的仿效之心。

治理小产权房和所有违章建筑用过去合法、今后不准的办法只会刺激更大规模违建。真正的治理之道是区分不同情况，处罚得当，使小产权房及一切违规建设者付出必要的代价，不能轻易获利。这样才能恢复守法不吃亏、违法不得益的法治精神，杜绝后来者的仿效之心。

有人说，让小产权房合法化可以解决外来农民工的住房问题。其实恰好相反。外来农民工现在还能在小产权房暂时栖身，正是因为其不合法，只能出租、不易出售。小产权房一旦合法化其房价就会立即向大商品房看齐，农民工就住不起了。珠三角的一些地方农地大部分被建成了出租房，原住民倒是成了地主，但外来打工者根本不可能真正安居，相反与原住民的对立和冲突不断发展。这说明让原住民成地主房东来实现中国的农民工市民化，完全是一厢情愿的幻想。

误区六　城乡建设用地增减挂钩，解决了城市用地指标的不足和乡村建设用地的闲置，是土地改革的重要途径。

城乡建设用地增减挂钩是土地与土地挂钩，还是只见土地不见人。挂钩这些年来赶了大量的农民上楼，但我国农民工及其家属不能进城落户问题却越来越严重，反映了这种挂钩没有跳出土地城市化的窠臼，不能解决人的城市化的问题。相反，由于眼睛盯着农民的宅基地指标去挂钩生财，把城市拆迁扩大到乡村去了，搞得市场扭曲、鸡犬不宁。

实际上，城乡建设用地指标挂钩的叫法就名不符实。因为它实际上并非建设用地挂钩，而是行政力量安排的乡村所有建设用地与城市房地产用地挂钩，利用房地产用地的收益来推动挂钩。这种自己人为造出来的行政分配指标在政府组织下的挂钩，不是土地的真实市场价格，反而恶化了土地资源配置。

人为造出来的行政分配指标在政府组织下的挂钩，不是土地的真实市场价格，反而恶化了土地资源配置。

其实，在城市化过程中，大部分农村人口进城就业安家。农民进城后需要的用地大大小于在乡村的用地，因此本来根本不存在建设用地的紧张问题。恰恰是我们对行政分配的建设用地指标的人为控制，造成所谓建设用地指标紧缺和房价高企，然后关上正门叫下面爬窗户，开口子让各地去搞增减挂钩、赶农民上楼弄指标。这种指标紧张和挂钩价格完全是人为行政制造的产物。结果在农民工大量进城的地区，严控土地供给，连大量外来工集聚的珠三角长三角的县城和集镇，外来工都根本无法落户，所谓放开户籍的，只是那些很少有人去和很少有就业机会的中小城市，或对不愿进城的本地农民。这样就造成几亿农民工城市化市民化受阻，经济增长乏力。

与之相对照，日本、韩国和台湾地区这几个二战后成功跨过中等收入陷阱的经济体，根本没有搞什么行政性土地控制和指标挂钩，而是在大量外来人口进城的地区，顺应市场规律放开控制，大量供应土地，使进城就业的农民都能安居乐业市民化。在农民大量举家离乡后，用税收等经济手段引导进城农民向留在村里的农民流转出售土地，国家财政资助开展大规模农田整理事业，使农田标准化、规格化，包括没有谋利动机地将空置的宅基地复垦。这样既顺利地实现了进城农民市民化，又使留在乡村的农民经营规模不断扩大，缩小了城乡差距，走出了城市化和农村现代化良性循环的道路。

土地制度的改革，必须不做井底之蛙。

由此可见，土地制度的改革，必须不做井底之蛙，跳出我们土地行政指标层层分解严格控制的思维惯性，突破土地财政的恶性循环，紧紧围绕人口城市化这个主线，才能真正走出符合人口流动和市场规律的全新大格局。

让既得利益者推动土地改革

周其仁

核心提示

农村的土地改革，确权是基础，流转是核心，配套是关键。确权才能流转。我们要相信，最终农民总会明白确权、流转比以前的单一征地模式，可以给自己带来更大的权益。几亿农民流动起来的土地制度，终究会不同于城乡隔绝时代的土地制度，这是很确定的。

从无法律禁止城里人买农民房

城里人凭什么不能买农村的房子？物权法里说按照现有法律办，可是现有法律里并没有明确的规定。2007年发布的《国务院办公厅关于严格执行有关农村集体建设用地法律和政策的通知》中倒是明确了，城镇居民不得到农村购买宅基地、农民住宅或“小产权房”。

事实上，在1962年颁发的“人民公社60条”中，承认农民的房子是农民的私人财产，是可以买卖和以各种方式转让的，当时并没有规定说受让方要受户口和地域的限制。

现实中的跨村农房买卖早就存在，这反映了当任何一个资源的相对价格发生变化的时候，资源总会流向对资源评价较高，也就是出价更高的主体手里，这是不可挡的经济规律，对社会也有益处。非要禁止或限制，现实就会绕道而行，就会遍地违法。“小产权房”多年来的事实存在和越禁越多，就是这个逻辑。

周其仁
北京大学国家发展研究院教授。

也是这个“人民公社60条”，同时说土地属于集体，不得买卖、租赁、转让。这就造成房地分开，人为制造了纠纷和矛盾。房子可以转让，下面那块地不可以，那怎么办？悬空交易吗？

农村的集体所有制并不是我们想象中更松散的一种体制，实际上依然是受国家的全面控制。过去通过产品统购统销、隔绝城乡人口流动等，国家实际上成为了集体所有制的控制者。集体所有制并不是全民所有制，两者的真正区别在于，国家支配和控制前者但并不对其控制后果负直接的财务责任。

集体所有制并不是全民所有制，两者的真正区别在于，国家支配和控制前者但并不对其控制后果负直接的财务责任。

改革第一步，是要取消国家对集体土地左一道右一道的控制，比如农房农地不准自由卖给城里人。为什么农民种的白菜能卖给城里人，农民空余的房子和土地就不能卖？它们一样都是农民的财产，都可以转让才对。

既然是集体所有制，那么第一步要先把决定权下放，由集体来决定，可以转让还是不可以，否则这个集体制，是空的、假的。

集体制是如何被制造出来的

20世纪50年代后，国家权力深入到乡村一级，这在中国以往任何时期都不曾做到的。这与国家工业化的目标紧密相关，是新中国建立后最重要的目标之一。

通常来说，工业化的资本积累，主要源于本国的农业剩余。但当时，中国农村的土地地租，却随着土改而被全体农村人口平分了，除了农业税以外，更多的农产品都留在农民自己手中，成为他们私人的消费和投资。1953年开始，农民惜售粮食和农产品，导致国家收购农产品困难。在本质上，这是一个土地被农民平分完毕的小农经济与雄心勃勃的国家工业化目标之间的矛盾冲突。

国家也曾试图扩大征税，但上世纪50年代几次高征税引起农民的集体抗议。既然这是耕者平分土地的结果，重新集中土地也就是从根本上改造小农的个体所有制。

最初是给农民更多限制，比如规定每家每户的粮食和棉花生产指标，关闭集市贸易。后来，集体化进一步消灭了残缺的农民私有权。互助组运动联合了农民的生产活动，初级社归并了农民的主要财产，高级社消灭了土地和牲畜的分红，人民公社则在更大范围内推行公有化。至此，国家权力拆除了农村社会的所有权藩篱，全面进入乡村。

农民为什么会接受这种改变？因为他之前获得的土地所有权，不都是家里传下来的，也不是他自己买来的，而是通过政治运动（土改）分来的。现在国家号召集体化，农民不干行吗？这就是国家造出集体制的产权基础。

中华文明的传统是在家庭内部的土地“诸子平分”，这是传统带来的麻烦，小家庭内部诸子平分，导致谁也不愿意离开故土，谁走了谁吃亏。这是一条小农经济的路。英国的城市化和工业化之所以能迅速发生，恰恰是因为他们的传统是长子继承制，其他的儿子被迫从土地上转出去。

英国的城市化和工业化之所以能迅速发生，恰恰是因为他们的传统是长子继承制，其他的儿子被迫从土地上转出去。

但那时候我们的传统还只是在家庭内平分，不会因为你家生了孩子就可以去分别人家的土地。

集体制是雪上加霜，在小家庭内平分的传统上，再引入了苏联的村社制。那种“村社社会主义”，要点是随人口变动不断重新分配土地。苏联是人少地多，搞那套也许还可以，但中国恰好相反，人多地少。

因此，阴差阳错学了苏联的那一套，中国农村在事实上也成了村社，成员第一不准自由流动，不准进城，第二就是随着人口变动不断调整土地，不断重分土地。

有限的土地在庞大的人口中不断细分，新中国成立后增长的好几亿农民全部禁锢在土地上。这实际上是农村贫困的根源。农民被束缚在一个具体的框框里，不能流动，也就跟工业化、城市化，跟现代文明没关系。

有限的土地在庞大的人口中不断细分，新中国成立后增长的好几亿农民全部禁锢在土地上。这实际上是农村贫困的根源。

确权倒逼集体制

中国缺少尊重财产权、重视财产登记的行政传统，事实上厘清财产是政府除国防、治安之外最重要的工作。做财产登记，是让社会保持安宁和稳定最重要的一环。我们就缺这一环，而且这些年来不断变迁，厘清的难度越来越大。

中国缺少尊重财产权、重视财产登记的行政传统，事实上厘清财产是政府除国防、治安之外最重要的工作。做财产登记，是让社会保持安宁和稳定最重要的一环。我们就缺这一环。

耕地承包权的确权发证是一个很好的观察点。早在20世纪80年代，就有5个1号文件中提出给农民颁发土地承包证，但是直到现在，中国大多数农村的承包地也只是村里面写一张条子盖一个章。根据我的观察，5年之内能完成全国范围的农地确权（承包的耕地、居住的宅基地、村集体建设用地），就很了不起。

农村承包地的流转早在20世纪80年代就放开了，但是规模始终不大，不是没有人愿意接手承包，而是产权关系太复杂了，不敢贸然进入。

在农村很多地方，生一个孩子，就要改变现有的承包关系，给这个孩子分一块承包地；去世一位老人，承包地也要相应收回，即“生增死减”，这也是学习苏联“村社社会主义”的结果。今天通过流转拿下来的耕地，明天可能会因为一个或一批新生儿而改变，这个“契约”还可靠吗？

2002年的《中华人民共和国农村土地承包法》确实对“生增死减”做了调整，规定在承包期之内，只有少部分预留土地、新开垦土地、进城农民退出的土地才能承包给新增人口。但我国农村同时还实行村民自治制，当承包地分配发生问题时，可以通过少数服从多数投票决定。

所以是否“生增死减”目前全国步调不一致，有些地方看承包法，有些地方靠自治投票。本来土地财产关系不能动不动就投票重来，但村庄一级还是政、地不分，所以剪不断、理还乱。

从在成都的调研情况看，确权确实耗时耗力，因为当农民意识到确权后发放的是一个正规的土地证之后，很自然的想法就是“确定之后不再改动”，所以就要求考虑承包以来所有人口变动的因素，甚至干脆要求重新分配，工序极为复杂。

这不是什么坏事。形象地讲，是“生增死减”在影响确权，进而影响农村土地的流转。确权不是形式的问题，是要把一种关系终结，是用确权倒逼集体所有制不断以人分地关系的终结。根本上来讲，工业化、城市化下的土地需要包含流转权的新型合作制，而不是基于地缘和人口不流动的村社制，不彻底改变现有不断以人分地的集体制，流转就不能发展起来。

确权不是形式的问题，是要把一种关系终结，是用确权倒逼集体所有制不断以人分地关系的终结。

让既得利益者来推动改革

从逻辑上来讲，确权是基础和前提。没有经过认真确权的土地，产权是模糊的，一旦全面放开流转，必然引发新的侵权和攫取行为，容易造成新的分配不公。

从另一个层面来看，确权的目的是为了流转。流转就是动力机制。土地流转和增减挂钩的试点最终都能产生出来一块增量，让利益相关方看到这块增量可能带来的收益，以此作为驱动力和诱饵，来推动确权。拿流转的好处诱惑人，拿确权约束人，这件事情就做成了。

拿流转的好处诱惑人，拿确权约束人，这件事情就做成了。

农民有可能嫌确权麻烦不予配合，这一点不用担心。比如，如果放开农房买卖，农民和城里人都会主动要求确权，因为农民要知道自己究竟能卖多少平方米，城里人也要担心买了之后隔壁邻居会不会找上门来。

对地方政府来说，农村耕地承包权流转带来的增量收益很好理解。“增减挂钩”试点，表面看起来新增加的建设用地收益要分出一部分给农民，还要负担农民集中居住的成本，不如直接征地划算。但是真正搞懂了的地方政府会发现，可利用的土地总量是增加的，土地收益总额也是增加的。这就是改革中形成的新的既得利益。新的既得利益会成为推动改革的力量，当地方政府看到流转所能带来的增量利益后，就会把确权放到前置条件里。想流转？先确权！这就是系统改革的好处。不彻底确权不能搞房地产，不能搞灾后联建，不能抵押农房。如此下来，农村干部不积极，农民也会天天堵在政府门口要求确权。

改革中形成的新的既得利益，是推动改革的力量。

资源流转后给整个社会带来的效益会是惊人的，对于政府来说，单单是税收这一块就是一笔巨大的财政收入，很多人没有看到这一点。我们在成都做调查时发现，不少县级官员对产改确权的态度，是有很大保留的。当年“房改房”之前，公家房产是个大包袱，但改革之后，就形成了一个巨大的市场，政府做了什么？就是发一个房产证，开一个市场，最终通过抽一道税获得财政收入。

土地改革如一江春水

在上述改革过程中必然会产生的矛盾和问题，要用改革的方法去解决，让大家先去实践。总会有一些地方政府能够看到流转利益并用行政手段去实现。在解决矛盾的同时，当地的农民也会明白新的利益点在什么地方，进而懂得如何维护自己的权益。随着时间的推移，平衡点就会调整过来。

中国是一个大国，做任何事情都有一个过程。我们要相信中国的农民不笨，顶多只是比政府懂得晚了那么一点，最终农民总会明白确权、流转比以前的单一征地模式，可以给自己带来更大的权益。在这项改革进程中，中央政府、地方政府、村庄农民三者缺一不可，中央政府要做的事情，其实就是在放开流转信号的同时，不停地强调以确权来保护农民利益，同时降低制度变迁的信息成本，鼓励地方学先进。

> 我们要相信中国的农民不笨，顶多只是比政府懂得晚了那么一点，最终农民总会明白确权、流转比以前的单一征地模式，可以给自己带来更大的权益。中央政府要做的事情，其实就是在放开流转信号的同时，不停地强调以确权来保护农民利益。

如果一项改革符合经济规律，批评和叫停都是没有用的。决定性的事实是，工业化、城市化已经让农村土地的相对价格发生了巨大的变化，谁也叫停不了这件事，背后有不可阻挡的经济规律在起作用。

中国的改革永远是走一步退三步，退两步又走一步，曲线向前，当年的包产到户一样也是反复过多少年。可以肯定的是，农村土地改革已经一江春水向东流，谁也阻挡不住了。

“确权是基础，流转是核心，配套是关键”。“确权才能流转”，要把这个原则变成农民的诉求，变成中央政府的要求，也变成地方政府的行动纲领。合起来，逼土地改革往正道上走。

等到确权完成，大规模流转实现，在征地制度以外就能并列出现另外一套土地转让的路径，最后再讨论如何并轨，实现更完整的土地制度改革。

形势比人强，几亿农民流动起来的土地制度，终究会不同于城乡隔绝时代的土地制度，这是很确定的。

“确权是基础，流转是核心，配套是关键”。要把这个原则变成农民的诉求，变成中央政府的要求，也变成地方政府的行动纲领。合起来，逼土地改革往正道上走。

名家观点 | Experts' viewpoints

厉以宁　全国政协常委、北京大学光华管理学院名誉院长

新一轮农村改革最重要的就是土地确权

中国的改革,改革什么最重要?前30多年的经验表明,最重要的是解决产权问题。

中国的改革,改革什么最重要?前30多年的经验表明,最重要的是解决产权问题。当时在国有企业改革中,最难解决的问题就是产权,最后动的也是产权。产权界定清晰,投资主体明确,建成了股份制企业,企业就有了自主经营、自主营运的条件。

但是这项改革到现在为止,在全国范围仍然没有完成,为什么?农村没有产权界定的问题。农村土地是集体所有的,祖传的房子没有产权,农民自己盖的房子不管盖的多高,也没有产权。农村的产权是虚的。新一轮农村改革重要的就是股权授权。对农民来说,土地授权以后再进行流转,心里就踏实了。

郑新立　中共中央政策研究室原副主任

产权的转让,就是财产权或者用益物权的转让

现在我国城镇的土地是国有化的,而农村的土地归集体所有。有一些学者提出只有土地私有化,才能够使土地成为农民财产性收入的一个来源。我认为这个看法是不对的。

物权法承认农户对他承包的土地和他的宅基地有用益物权的。益物权就是财产权,是除了所有权以外其他的权利都有,包括使用权、收益权、继承权、抵押权等。现在我们说产权的转让,就是财产权或者用益物权的转让。土地是不能买卖的,你可以转让,转让的是使用权,而不是它的所有权。

用益物权足以保护农户对宅基地和承包地的权益，使它变成财产性收入。至于搞私有化，我觉得没有必要。如果是搞私有化反而会引起新的更多的矛盾。我们用用益物权走出一个有中国特色的土地制度，保证土地节约和集约的利用，包括农民土地使用的权益和收益权。

我们用用益物权走出一个有中国特色的土地制度，保证土地节约和集约的利用，包括农民土地使用的权益和收益权。

宋圭武　中共甘肃省委党校经济学部教授

解决“三农”问题四个关键词

目前，我国解决“三农”问题进入新阶段，需要新思路，需要四个新关键词：合作、平等、外部、财产。

一是我们要加快构建新型农业经营体系，其中尤其要注重合作组织的建设。合作可以产生规模效益和分工效益。合作既可以以血缘为纽带，也可以以地缘和业缘为纽带。中国农村发展，既要重视和发挥以血缘为纽带的合作功能，也要大力发展以地缘和业缘为纽带的合作。

二是要更加注重平等建设，要让农民平等参与现代化进程。农民有了自由，但自由没有平等，自由就不是真正的自由。因为若没有平等，自由就只能是强者的自由。

三是农村发展要更加注重外部力量的推动和拉动，要形成以工促农、以城带乡、工农互惠、城乡一体的新型工业城乡关系。目前，来自农村内部的潜力可以进一步挖掘，但空间不大，推动农村社会经济发展，主要体现就是工业化和城市化的拉动。

四是要赋予农民更多财产权利，要增加农民来自财产的收益比重。

李国祥　中国社会科学院农村发展研究所研究员

改革创新农村土地制，确保农民利益

土地城镇化中对农民权益保护，可考虑分级决策机制。

高级决策权赋予失地农民，以维护失地农民权益作为底线；

中级决策权可赋予村民代表大会或者全体村民，按照少数服从多数的民主原则，以平衡失地农民与村集体利益；

低级决策权才赋予少数村干部，以审查和监督土地城镇化的合法性。对于非法征用农民土地或者以租代征农民土地，要加大惩处农村管理干部的力度，确保耕地红线不被突破。

新结构经济学：与三中全会不谋而合

04

KEEPING THE
MINUTES OF CHINA
WITH THOUGHTS

主题

林毅夫　新结构经济学：释义和应用

延伸

王健　新结构经济学的核心

名家观点

约瑟夫·斯蒂格利茨　韦　森

苏　剑　徐建国

主题 | Key Articles

新结构经济学：释义和应用

林毅夫

核心提示

林毅夫的新结构经济学，致力于回答成功的经济体为何都实行出口导向战略，为何都同时拥有有效的市场和有为的政府。新结构经济学提出了一个“增长甄别和因势利导”的六步骤框架。很有操作价值。其主要观点，与前不久召开的中国共产党十八届三中全会精神不谋而合。

一、新结构经济学释义

经济快速发展实际上是18世纪以后才出现的现象。据经济史学家麦迪逊的研究，西欧国家人均收入在18世纪以前的年均增长率只有0.05%，需要1400年人均收入才能翻一番；从18世纪初到19世纪中叶，人均收入年均增长速度是1%，人均收入翻一番的时间缩短为70年；19世纪中叶到现在，人均收入的年均增长速度进一步提高到2%，翻一番的时间缩短为35年。发生这种翻天覆地变化的原因主要是18世纪中叶工业革命以后，技术创新和产业升级加速，劳动生产率和人均收入水平得以快速提高。

林毅夫
国务院参事、北京大学国家发展研究院名誉院长

也就是说，现代经济增长实际上是一个技术不断创新、产业不断升级、劳动生产率不断提高的过程。同时，随着生产规模、资金需求和市场范围扩大，电力、交通等硬的基础设施和金融、法律、产权安排等软的基础设施随之不断完善，降低了交易费用。因此，现代经济

增长的本质是技术、产业以及软、硬基础设施等结构不断变迁的过程。

现代经济增长的本质是技术、产业以及软、硬基础设施等结构不断变迁的过程。

新结构经济学的分析以每一时点的要素禀赋及其结构为出发点，认为一个经济体在一个时点的经济结构是由当时的要素禀赋及其结构所决定的。经济学上的要素禀赋指的是一个经济体在某一时点所拥有的资本、劳动力和自然资源的数量。发展中经济体通常资本比较稀缺，劳动力与自然资源相对丰富；发达经济体一般资本相对丰富，劳动力相对短缺。对于一个经济体而言，要素禀赋在一个时点是给定的，但它可以随着时间推移发生变化。新结构经济学认为，任何经济体在一个时点的要素禀赋实际上是这个经济体在那个时点的总预算，而要素禀赋的结构决定了要素的相对价格：相对多的要素，价格就相对便宜；相对少的要素，价格就相对贵。

任何经济体在一个时点的要素禀赋实际上是这个经济体在那个时点的总预算，而要素禀赋的结构决定了要素的相对价格：相对多的要素，价格就相对便宜；相对少的要素，价格就相对贵。

不同的要素禀赋结构决定了要素的相对价格，也就决定了该经济体的比较优势。在劳动力相对丰富、资本相对短缺的经济体，具有比较优势的是劳动密集型产业。如果其产业根据劳动力成本低的比较优势来发展，这个经济体一定是出口导向型的，其产业具有强大的竞争力，能够占领最大的市场份额，创造最多的剩余，进行最快速的资本积累，要素禀赋结构就会逐渐变为资本相对丰富、劳动力和自然资源相对短缺，产业也就要相应升级到资本相对密集的、新的具有比较优势的产业。

如何才能使企业自发地根据一个经济体的要素禀赋结构所决定的比较优势来选择技术和产业？其前提是各种要素的相对价格能够充分反映其相对稀缺性，而这样的价格信号只有在充分竞争的市场中才能得到。所以，有效的市场是按照比较优势发展经济的制度前提。如果按照比较优势发展，资本积累很快，原来具有比较优势的产业就不再具有比较优势，需要先行企业率先升级到新的资本更为密集的产业。同时，相应的软、硬基础设施也要随之完善，以降低交易费用，使产业、技术升级顺利进行。先行企业比后随企业要承担更多的风险，因此，需要政府给予一定的激励；软、硬基础设施的完善也需要政府进行协调或直接提供。所以，一个按照比较优势快速发展的经济体必然有一个能够因势利导的有为政府。

结构主义之所以失败，就在于它试图在资本极度短缺的发展中国家建立违背比较优势的资本密集型产业，导致要优先发展的产业及其企业在开放竞争的市场中缺乏自生能力，只能靠政府通过干预和扭曲市场来保护、补贴才能生存，结果造成资源配置错误、寻租腐败盛行、经济效率低下。

新自由主义的华盛顿共识之所以失败，则在于忽视了原先的扭曲是为了保护缺乏自生能力的产业，“休克疗法”的结果必然是大量企业倒闭，失业问题严重，社会、政治动荡。

双轨制渐进式改革的成功则在于，给予原先优先发展部门中缺乏自生能力的企业必要的转型期保护，维持了经济、社会的稳定；放开原先受到抑制的符合比较优势部门的准入和因势利导，使经济实现了动态的、可持续的增长。双轨制改革向市场经济体制转型的完成则有赖于各种转型期保护、补贴的最终消除。

二、新结构经济学的应用

政府如何在市场经济环境下发挥积极有为的作用促进技术创新、产业升级？新结构经济学主张，政府应发挥因势利导作用，促进产业的潜在比较优势变成竞争优势。所谓潜在比较优势，是指这个产业的要素生产成本在国内、国际市场上具有优势，这种成本优势是由要素禀赋结构也即比较优势决定的。但是，由于软、硬基础设施尚未完善，这个产业的交易成本过高，在国内、国际市场尚无竞争力。政府的作用就在于鼓励先行企业进入潜在比较优势产业，并帮助其降低交易费用，使潜在比较优势变为现实竞争优势。对此，新结构经济学提出了一个“增长甄别和因势利导”的六步骤框架。

新结构经济学主张，政府应发挥因势利导作用，促进产业的潜在比较优势变成竞争优势。

第一，对过去二三十年经济发展较快而且人均收入比自己高1～2倍的其他经济体的各种可贸易产品和服务作出甄别。选取产品和服务在国内、国际市场上有需求，而自己生产成本较低，因而具有潜在比较优势的产业。

第二，分析本地民营企业在上述产业中的哪些产业比较活跃，查找可能阻碍它们提升产品质量、降低交易费用的障碍，以及阻碍企业进入的基础设施或制度环境障碍。政府可以采取政策措施消除这些障碍，以帮助产业做大做强。

第三，对本地企业尚未进入的新产业，政府可以到上述第一步确认的经济体中招商引资，鼓励外地或国外企业前来投资，并消除这些新产业发展的软、硬障碍，培育新的增长点。

第四，充分利用本地的资源禀赋或全球范围内的技术突破带来的机遇，密切关注本地民营企业展现出获利能力的新产业，帮助这些星星之火成为燎原之势。

第五，在基础设施落后、企业经营环境不佳的地方，政府可以设立经济特区或产业园区，改善基础设施和经营环境，鼓励企业前来投资于具有潜在比较优势的产业。建立产业园区或特区还有利于促进产业集群的形成，提高产业竞争力。

第六，给予目标产业的先行企业一定时限的税收优惠或信贷担保，以补偿其风险。根据这样的步骤甄选出来的目标产业符合当地比较优势，企业具有自生能力，给予先行企业的激励只需有限的财务成本和时间。

此前两波发展经济学思潮有一个共同的致命缺点，即都以发达经济体为参照系。而新结构经济学则以发展中经济体自身为参照系，考察发展中国家自身的要素禀赋和比较优势。政府的作用则是帮助企业把它们自己能做好的产业做大做强，在市场竞争的基础上积小胜为大胜，逐步缩小和发达国家的差距，实现对发达国家的追赶。

此前两波发展经济学思潮有一个共同的致命缺点，即都以发达经济体为参照系。而新结构经济学则以发展中经济体自身为参照系，考察发展中国家自身的要素禀赋和比较优势。

延伸 | Extended readings

新结构经济学的核心

王　健

核心提示

新结构经济学的核心仍然认为在每个经济发展阶段，市场是最有效的分配资源方式。企业自主进行产业升级的过程中，政府只是提供一些帮助和进行基础设施建设等辅助作用。新结构经济学为中国经济发展的政策研究提供了一个广阔领域。

一国经济如何实现从发展中国家向发达国家转变，是经济学者一直思考的问题。二战之后兴起的结构经济学主张国家积极干预经济发展，尤其是重点扶持重工业等部门，从而实现所谓的工业化革命。这种发展模式被事实证明是非常低效的。尤其是随着 20 世纪 80 年代前苏联等社会主义国家经济的崩溃，这种发展模式逐渐被各国所弃用。

随后，被称作“华盛顿共识”的经济发展策略则走向另一个极端。该理论主张全面消除政府在经济发展中的影响，而进行以市场为主导的全面经济开放。华盛顿共识认为应该放弃政府补贴和关税等在内的各种政府干预，通过开放贸易和金融等国际市场实现经济的增长。这种完全依赖市场的发展模式在 20 世纪 90 年代阿根廷等拉美国家遭受了多次金融和经济危机后也逐渐被怀疑。

该理论认为经济发展由很多不同阶段组成，而每个阶段的最优生产资料结构不同。生产资料结构是指自然资源、人力资源、机器设备等生产资料之间的比例。新结构经济学认为，尽管在每一个阶段，市场是对资源配置的最有效手段，当经济从一个阶段向下一个阶段过渡的过程中，一些产业升级的外部效应没有办法被市场完全考虑。比如

王　健
美国达拉斯联邦储备银行高级经济学家。

企业创新升级会为其他企业提供公共知识，基础设施建设会降低公司的交易成本和提高投资回报率。这些外部效应往往无法完全通过市场途径解决。因此新结构经济学认为政府应该在产业升级和基础设施建设方面发挥积极作用；政府应该积极帮助私有部门确定和发展本国具有比较优势的部门，通过连续的产业升级来实现快速经济增长。

由于缺乏对新结构经济学的认识，很多人错误地认为林毅夫教授主张计划经济或者政府强制干预经济。新结构经济学的核心仍然认为在每个经济发展阶段，市场是最有效的分配资源方式。企业自主进行产业升级的过程中，政府只是提供一些帮助和进行基础设施建设等辅助作用。比如林毅夫教授多次强调，政府扶持和垄断等不应该长期存在。衡量经济政策成败的重要指标是看被扶持产业能否在政府扶持撤销后仍然盈利。

企业自主进行产业升级的过程中，政府只是提供一些帮助和进行基础设施建设等辅助作用。比如林毅夫教授多次强调，政府扶持和垄断等不应该长期存在。衡量经济政策成败的重要指标是看被扶持产业能否在政府扶持撤销后仍然盈利。

对新结构经济学的批评往往来自两个阵营。

一方面，认为市场万能的人。这种批评更多基于对市场过度迷信的意识形态问题。完美的市场在现实中不存在。经济学中有成熟的理论和实证研究证明确实存在各种市场失灵的地方。而很多前沿的宏观经济学也是研究市场中什么地方可能存在缺陷，有没有通过政策可以解决或者提高效率的方法。所以认为新结构经济学允许政府在产业升级中发挥作用就简单地全面否定并非理性。

另一方面，新结构经济学也面临来自对执行细节上的质疑。比如美国密歇根大学教授 Alan Deardorff 在新结构经济学会议上指出，政府的产业政策往往容易被一部分利益集团所操纵。即使在政治相对透明的美国，产业政策也经常被少数利益集团的游说公司所影响，从而造成对纳税人资金的浪费。我也赞同中国政府如何在执行产业政策的过程中提高透明度，防止被少数利益团体钻空子，是一个非常现实的问题。但这个问题是所有经济政策都必须面对的，不仅仅局限于新结构经济学。不能因为目前制度建设上的一些不足就把所有政策研究和政策制定全盘否定。

在林毅夫教授倡导的新结构经济学研究中，一个非常有价值和意

> 从数据出发，用严谨的经济学模型认真思考中国经济发展中的瓶颈在什么地方，在此基础上提供政策建议。这种研究方法和以往泛泛而谈的经济政策研究相比，是一个巨大进步。

义的研究方法是，他把一批国内外的优秀经济学者组织起来，从数据出发，用严谨的经济学模型认真思考中国经济发展中的瓶颈在什么地方，在此基础上提供政策建议。很多林毅夫教授的合作者和学生利用公司等微观层面数据，从下而上地了解中国经济，同时使用严谨的经济学模型来解读这些数据和提供政策参考。这种研究方法和目前宏观经济学中强调微观基础的研究方法一致。通过构造和实际微观数据一致的模型，可以保证经济学模型描述了经济的真实情况。基于这种模型上的政策建议也更有可靠性。这种研究方法和以往泛泛而谈的经济政策研究相比，是一个巨大进步。

因此，我认为尽管新结构经济学还面临一些实际操作上的困难需要克服，林毅夫教授倡导的新结构经济学为中国经济发展的政策研究提供了一个广阔领域。相信未来无论在学术研究还是政策建议上，这个领域都非常有前途。

名家观点 ┃ Experts' viewpoints

约瑟夫·斯蒂格利茨　哥伦比亚大学校级讲席教授，2001 年诺贝尔经济学奖获得者

重新思考发展的里程碑

世界银行一直致力于实现一个没有贫困的世界。在这部杰出的著作中，其首席经济学家林毅夫，设立了一个让这个梦想成为现实的经济路线图。他认为，中国的成功可以在世界其他地方取得，并明确有力地说明了哪些结构性转型是必需的，政府能够而且必须在其中发挥怎样的作用。此前多年，“华盛顿共识”引导着“布雷顿森林体系”下的国际开发机构；如今其已丧失信誉，“新结构经济”则提供了一个替代。

韦　森　经济学博士，教授，博士生导师，复旦大学经济思想与经济史研究所所长

新结构经济学的三大理论进展与贡献

坚持竞争性市场是人类社会资源配置的最优机制，从而认定市场当为经济运行的基础性制度（institution），这一点非常重要。这实际上意味着林毅夫的新结构经济学理论，是建立在市场经济理论基础之上的一个分析框架和发展思路。这实际上也意味着新结构经济学理论框架是沿着经济学的古典传统和新古典经济学分析理路的一个创新和发展。

应该说，对于林毅夫及其合作者的这第三波经济发展思想，除少数极为偏执的理论家外，大多数经济学家都会同意，这也是新结构经济学框架一提出，就受到了许多经济学家——包括一些诺贝尔经济学

奖得主级经济学大师——交口称赞的主要原因。

林毅夫新结构经济学的另一个主要理论贡献，是从经济思想和近现代经济史研究的视角、尤其是根据库茨涅茨（Simon Kuznets）的经济增长理论，明确提出现代经济增长的实质及其普遍特征事实："持续性的技术创新、产业升级、经济多样化和收入增长加速，是现代经济增长的主要特征。"

在前两点的基础上，林毅夫教授提出了在本国产业结构变迁中政府的"增长甄别和因势利导"作用，从而把他自己多年来所独创的以"ECVSE"为基本分析理路的发展经济学框架从纯理论探讨走向了可实际操作和可具体实施阶段。

苏　剑　北京大学经济学院经济学系副主任、教授

发展新产业应该符合"潜在"优势

新结构经济学的一个核心观点，就是一个国家发展的新产业应该符合该国的"潜在"比较优势。那么一个国家在哪些产业可能具有潜在的比较优势呢？为此，新结构经济学提出了一个包含六个步骤的产业增长甄别与因势利导程序的"产业升级法"。通过这六个步骤，一个发展中国家就能以市场为基础，政府发挥因势利导作用，按照比较优势并充分利用后发优势，使经济取得又好又快的发展。

总之，新结构经济学除了给政府和市场在经济发展中的作用，做了一个全新的阐述外，还给不同发展程度的国家，因为实体经济中最优产业的资本、技术、风险特性不同，如何在制度安排上根据其特性来创新，提供了一个可供思考和进一步深入研究的框架。

通过这六个步骤，一个发展中国家就能以市场为基础，政府发挥因势利导作用，按照比较优势并充分利用后发优势，使经济取得又好又快的发展。

从历史延续的角度，新结构经济学可能代表了发展经济学思潮的第三波。

徐建国　北京大学国家发展研究院副教授

代表发展经济学思潮的第三波

新结构经济学区别于新古典经济学，在于强调不同发展水平的国

家的禀赋结构和经济结构的差异。“新结构经济学”区别于“旧结构经济学”，在于使用新古典分析方法，充分认识到市场是资源配置的基础，而不是简单强调市场失灵，片面强调政府的作用，甚至支持系统性的政府干预。从历史延续的角度，新结构经济学可能代表了发展经济学思潮的第三波。

生态文明：不文明必淘汰

05

KEEPING THE
MINUTES OF CHINA
WITH THOUGHTS

主题

张维庆　事关复兴大业的一篇大文章

延伸

王玉庆　生态文明是人与自然的和谐

名家观点

张启华　刘玉瑛　吴　斌

主题 | Key Articles

事关复兴大业的一篇大文章

张维庆

核心提示

建设社会主义生态文明，是中华民族文明复兴的一篇大文章。生态文明是对以往文明的超越和升华。从广义上看，生态文明是以人与自然的协调发展为准则，要求实现人口、经济、资源环境的协调和可持续发展。从狭义上看，生态文明与政治文明、物质文明、精神文明等社会文明相并列，强调人类对待自然所达到的文明程度。

人类在漫长的历史发展中，凭借自己的智慧和劳动创造了一个又一个辉煌灿烂的文明。随着生产力的发展与科学技术的不断进步，从人类与自然的关系来看，大体经历了几百万年的原始文明、几千年的农业文明和几百年的工业文明。人类自身的繁衍也从原始文明的几千万人，增长到农业文明的几亿人，再增长到工业文明（20 世纪末）的 60 多亿人。

工业文明特别是 18 世纪发生在英国的工业革命开启了人类发展的新纪元。后来经历了几次影响全人类科技革命的浪潮，蒸汽机和电的发明，钢铁和煤炭的大规模开采，冶炼技术、汽车、火车、飞机的广泛运用，核能、计算机和互联网的空前开发，人类开始充当了“极不安分”的角色。这个时期创造的社会生产力远远超过了有人类文明以来所创造的社会生产力的总和，人口增长也被称为“人口爆炸”，一部分人类开始以自然的“征服者”和“主人”自居，在极大地提高和改善一部分人类生活和命运的同时，向自然界的拼命索取越

张维庆
全国政协人口资源环境委员会主任。

来越普遍。大量的煤田和油田被开采，大量的森林被砍伐，大量的土地被掠夺和占用，多数的江河被污染。人口的迅速增长，资源的过度开发，环境的严重破坏和污染，加剧了全球生态的恶化和气候变暖，也加剧了南北贫富差距的不断扩大，人类陷入了由自身的贪婪行为带来的“生态危机”之中。

21世纪，人类开始进入知识经济的时代，经济的发展更多依靠科学技术进步、劳动者素质的提高和管理方式的改进。各国政府都在重新审视人与自然的关系，对保护地球生态环境、走可持续发展之路逐步形成共识。这标志着人类开始迈向生态文明的发展时期。可以肯定地说，生态文明是继工业文明之后，人类应对生态危机的唯一正确选择，是人与自然和谐发展的社会系统，强调自然界是人类赖以生存和发展的基础，人类不过是自然界生物中的一部分，必须在保护生态的基础上与自然界相互作用、共同发展。生态文明不仅吸收自有人类文明以来创造的所有先进文明成果，也深刻反思工业革命以来牺牲环境的高成本代价。

> 生态文明不仅吸收自有人类文明以来创造的所有先进文明成果，也深刻反思工业革命以来牺牲环境的高成本代价，是继工业文明之后，人类应对生态危机的唯一正确选择。

改革开放30多年来，中国发生了翻天覆地的变化，创造了经济高速增长和人口有效控制的奇迹，迅速提升了人口大国的综合国力，显著改善了十几亿人民的生存和发展条件。但也应该清醒地看到，这一奇迹的创造某种程度上是以生态环境的总体恶化和资源的掠夺性开采为代价的，是以牺牲两代人的眼前利益为代价的。我国把生态文明建设上升为国家意志，把转变发展方式、发展低碳经济作为战略目标。这一战略的实施，确定了中国负责任大国的历史地位，从生态文明的领域迈上了发展和道德高地。在人类文明演进的转折时期，如何汲取发达国家工业化历程中的经验和教训，如何继承和发扬中华民族几千年文化的优良传统，走出一条以生态文明和人的全面发展为目标、符合科学发展观要求和中国国情的可持续发展道路，是我们需要深入研究的重大课题。

生态文明是对以往文明的超越和升华。从广义上看，生态文明是以人与自然的协调发展为准则，要求实现人口、经济、资源环境的协调和可持续发展。从狭义上看，生态文明与政治文明、物质文明、精神文明等社会文明相并列，强调人类对待自然所达到的文明程度。

生态文明与人类文明所传承的精神基本一致。

一是重视人与自然的平等。强调人是自然界生物进化出来的一部分，是“自然之子”，而不能作为“自然之主”去征服自然。否则，人类对自然的贪婪掠夺必将导致自然对人类的无情惩罚。

二是揭示人与自然的对立统一关系。人类作为万物之灵，与自然界形成了既对立又统一的辩证关系。科学技术既可以造福于人类，又可以有害于人类。人类必须遵循自然界的客观规律办事，敬畏自然、尊重规律、遏制欲望、保护地球，这样才能确保经济与社会的可持续发展。

三是强调人类代际之间的公平。人类向大自然的索取不能不考虑生态系统的可持续发展，当代人必须给子孙后代留下一个良好的生存和发展环境，实现人与自然的和谐，生物与非生物的共进，现在与未来的对话。

生态文明的内在要求，与中华文明的传统精神基本一致。中华民族的五千年传统文化博大精深，蕴含着取之不尽用之不竭的精神财富，也包含着极其丰富的可持续发展思想和朴素辩证的生态文明理念。在生产力并不发达、科学技术相对落后的条件下，中国的先辈们凭借自己的智慧和思辨能力，用自己的语言文字和辩证图解对宇宙万物的生成与变化规律、自然界与人类社会各种现象之间的对立统一关系、人类自身应当采取的态度和作出的选择进行分析、判断和预测。至今看来，其意义和影响仍十分深远。如中国儒家主张的“天人合一”，充分肯定了人与自然的辩证统一；道教提出的“道生一，一生二，二生三，三生万物”、“道法自然”，强调人类要以尊重自然规律为重要准则；佛教倡导众生平等，广济善缘，强调人与自然的和谐相处；易学的八卦和阴阳太极图式，就像是演绎人类与地球、宇宙之间千变万化的幻境，告诫人们尊重自然，保持人与自然的平衡，否则就会险象丛生，灾难不断。

> 我国把生态文明建设上升为国家意志，把转变发展方式、发展低碳经济作为战略目标。这一战略的实施，确定了中国负责任大国的历史地位，从生态文明的领域迈上了发展和道德高地。

人类作为生态文明建设的主体，必须将生态文明的内涵体现在法律制度、思想意识、生产方式、生活方式和行为方式之中。生态文明理念下的政治文明，要求尊重利益和需求的多元化，注意各种利益之间的协调与公平；生态文明理念下的物质文明，要求致力于消除经济运动对自然的过度掠夺和索取，逐步形成与生态环境相协调的生产和生活方式；生态文明理念下的精神文明，提倡认同自然价值，建立人与自然和谐共进的价值体系。

建设社会主义生态文明，要在思想观念、战略规划、体制机制、产业发展等方面勇于开拓和创新。建设生态文明，要确立科学的价值观、财富观和消费观。

生态文明的价值观认为，人有价值，自然也有价值，相互独立又相互依存。新鲜的空气、洁净的水、绿色的环境、安全无害的食品，都是人类生存与发展的宝贵财富。

生态文明的财富观认为，农业文明是以土地资产为主流的财富观，工业文明是以有形和无形资本为主流的财富观，生态文明是以绿色财富为主流的财富观。

生态文明的财富观认为，农业文明是以土地资产为主流的财富观，工业文明是以有形和无形资本为主流的财富观，生态文明是以绿色财富为主流的财富观，以人口安全、资源安全、环境安全、社会安全为前提，具有生产性、和谐性、安全性、节约性和可持续性的特征，包括绿色自然资本、绿色人造资本和绿色人力资本。

生态文明的消费观不赞成豪华、奢侈的消费方式，倡导绿色消费，即要求消费无污染，有利于人类身心健康、延年益寿，要求提供节能、环保、健康、安全、舒适的服务，鼓励人们要更加注重节约资源、保护环境，努力建设宜居的绿色家园。

建设生态文明是一项宏大的系统工程。要在发展方式、战略布局、开发保护等方面作出系统的规划和设计。在发展方式方面，主要是实现两大转变，即由高碳发展方式向低碳发展方式转变，由粗劣扩张的发展方式向集约环保的发展方式转变；在战略布局方面，主要是对国土空间作出准确的定位和科学的布局，确立国家主体功能区划的法律地位，使其他各种规划在其框架下制定和完善。在开发保护方面，主要是沿江、沿边、沿海、沿线以及内陆开发必须坚持开发与保护并重的原则，确保国家生态屏障和生态体系的安全。

建设生态文明，必须全国一盘棋，尽快建立和健全多层次、有重点的生态、资源、环境补偿机制，积极推动市场化生态补偿。建设生态文明，应该大力发展绿色产业，推动绿色革命，发展低碳经济、循环经济，发展生物技术、新能源和可再生能源，绿化祖国，种树种草，保护湿地。

建设社会主义生态文明，是中华民族文明复兴的一篇大文章。中华文明，历尽沧桑而不衰，尝尽悲辱而自强。在中国共产党的坚强领导下，13 亿中国各族人民一定能用自己的智慧和才能，续写更加波澜壮阔的生态文明新史诗。

延伸 | Extended readings

生态文明是人与自然的和谐

王玉庆

核心提示

生态文明不仅是可持续发展的文明，也是一种科学的、自觉的文明形态。实践要求我们不仅从哲学意义上论述“和谐”，更需要从科学体系和技术层面上说明什么是“人与自然和谐”和怎样“和谐”。

虽然几年来生态文明建设呈现出了良好的势头，但从理论研究和政策制度建设等方面都还有明显不足。

从理论研究方面看，在生态文明概念和内容的讨论中，普遍都认为生态文明是人与自然和谐的一种文明形态。但其中什么是“人与自然和谐”，怎样才叫“和谐”，这些核心问题讨论得很少，也不够深入。实践要求不仅从哲学意义上论述“和谐”，更需要从科学体系和技术层面上说明什么是“人与自然和谐”和怎样“和谐”。本文就此做进一步的思考。

“文明”一词中国古代“易经”中即有记载。西方国家中也普遍使用这一词汇，其意义是相通的，即指人类脱离愚昧而开化、社会经历黑暗而走向光明，是社会进步和发展状况的一种标志。然而“生态文明”这一概念还很年轻，美国的罗依·莫里森1995年在出版的《生态民主（Ecological Democra ~ cy)》中明确提出了“生态文明（Eco ~ logical Civilization)”的概念。我国生态学家叶谦吉在1987年即提出要大力倡导生态文明建设。然而，生态文明的思想，则可以追溯到人类文明的源头，古代四大文明都孕育了朴素的生态文明思想，

王玉庆
全国政协人资环委副主任、中国环境科学学会理事长。

特别是中国传统文化的道家、儒家思想中，蕴含着深刻的生态和谐思想，如“天人合一”、“道法自然”等，这些都是今天研究生态文明的哲学基础与思想源泉。

从广义上讲，生态文明是指人类遵循人、自然、社会和谐发展的客观规律，改造自然和社会而取得的物质与精神成果的总和。从狭义上讲，生态文明则是人类文明的一个方面，即人类在处理与自然的关系时所达到的文明程度，是指人类社会与自然界和谐共处、良性互动的状态。生态文明与物质文明、精神文明、政治文明等共同组成了人类社会文明的多个维度。生态文明的本质或中心思想，就是人与自然相和谐。然而什么叫“人与自然和谐”，这既是一个深刻的哲学问题，也是一个重大的现实问题

生态文明与物质、精神、政治文明共同构成了人类文明的整体框架。它们紧密联系，既相互促进又相互制约。

怎样理解和谐

何谓“和谐”。和谐是指一个系统内不同主体之间一种特定的关系，是一种协调、适当、匀称的关系。

自然生态系统的和谐是指在一定外部条件下，自然生态系统的组分、结构和功能达到一种动态平衡和良性循环的状态，并朝着结构从简单到复杂，类型从单一到多样，功能从低级到高级的方向进化。

而“人与自然的和谐”是把人与自然作为一个系统来看，讲的是人与自然的关系，这是一种相互影响、对立统一、不断发展变化的矛盾关系，是在一定条件下达到的、适合人类生存的稳定平衡状态。

应该承认，这里依然是以人类自身利益作为价值判断的标准，即为了人类的生存发展，要维护自然界现实的价值和潜在的价值：包括供给人类生存必要的清洁的食物、水和空气，不制造对人类健康有毒有害的污染物；持续提供人类发展需要的各种自然资源，包括洁净能源等；维系生命支持系统各种功能，包括调节气候、保持水土、防风固沙、自然的水循环和碳、氮循环等；保护优美的自然环境和丰富多彩的自然要素，给人类以精神的享受和艺术创作的灵感；保持自然与

生物的多样性，避免使人类丧失未来发展的潜力等。至少能做到这些才能谈得上“人与自然和谐”。

马克思、恩格斯充分肯定自然界对人的生存及人类社会发展的优先存在地位，认为自然界制约和规定着人的生存和发展，随着社会进步和生产方式的变革，人将走向与自然的和谐。人与自然和谐，既不是人类社会的进步与发展完全依赖于自然的原本状态，也不是自然的发展变化完全服从于人类自身发展的需要，而是将人类自身的发展融入自然的演化之中，实现人类社会的发展与自然演化的和谐统一。

人与自然和谐，既不是人类社会的进步与发展完全依赖于自然的原本状态，也不是自然的发展变化完全服从于人类自身发展的需要，而是将人类自身的发展融入自然的演化之中，实现人类社会的发展与自然演化的和谐统一。

怎样实现和谐

怎样才能实现“和谐”。在人与自然和谐的系统中，人是矛盾的主要方面。人类的存在与发展，势必改变环境、干预自然的演变过程。干预力度越大，对生态系统的影响越烈、风险越大。人类对自然的改造应以何种方式、干预保持在何种程度，才能保证人与自然的和谐呢？这要从两个方面考虑，既要考虑人类活动对自然的影响程度，又要考虑人类自身有序发展的问题。

一方面是人类活动对自然生态系统的干预不能超出其稳定的限度，即不能导致较大范围生态系统结构的失衡和功能的严重退化。普遍的指标是，人类活动排放的污染物不能超过环境的自然净化能力，对可更新资源的开发不能超过其更新的速度。

普遍的指标是，人类活动排放的污染物不能超过环境的自然净化能力，对可更新资源的开发不能超过其更新的速度。

在很多情况下，生态系统生产力和生物多样性的变化这两项指标更具有根本意义。举例来说，如果人类的开发活动使森林、草原变成荒漠，生态系统的生物生产力及多样性严重下降，可以判定人类这种活动与自然是不和谐的。再比如，将原始森林砍伐改造成速生林，或将湿地改造成农田，可能生物生产力提高了，但生态系统的物质能量循环过程被打破，维持系统稳定需要外界大量物质、能量的投入，更重要的是生物多样性大大减少，最终导致生态系统服务功能降低，也不能说是和谐的。人类生产生活排放大量污染物，使清洁的河水发黑发臭，使原本健康的水生态系统变成对人类有害的另一类系统，其生物多样性明显减少，这亦不是和谐。事实证明许多自然生态系统和生物物种一旦破坏和灭绝，是永远无法恢复的。

人类文明发展历史上，不乏与自然和谐、可持续的成功范例。例如长江中下游平原，在没有人类之前许多地区是一片沼泽，处在一种自然平衡的状态。经过人类改造以后，几千年来良田沃土、人杰地灵，也是一种人与自然平衡和谐的状态。只是近代城镇化和工业化导致环境恶化，破坏了原本自然与人类和谐的生态。

随着人类社会的发展，大量自然条件（环境）被改变，森林、草原、湿地变成了农田和城镇，制造生产了许多自然界原本没有而又难以自然降解的物质，污染环境。这几乎是难以逆转的。在当前阶段，完全消除人类活动对自然环境的不良影响是不可能的，为此就需要取得一种平衡，把握人类活动影响自然环境变化的方向、力度和节奏。从长远看，我们应该充满信心，人类的智慧会战胜面临的困难，但这取决于从现在开始就采取目标明确的坚定行动。

比如，人类发展的历史就是一部不断开发利用化石能源的历史，以至于造成今天温室气体在大气中比例升高，气候变化加剧。目前我们正在探索如何通过可再生能源以及核能（裂变和聚变）的开发利用，来替代化石能源，从而改变温室气体不断增长的方向和化石能源日益枯竭的现象。再比如，通过研究和开发绿色技术、推行清洁生产和发展循环经济，使得不可再生的矿物资源得到节约和循环利用；加大污染治理力度，拒绝生产对环境有害、难降解的化学物质，使得污染物排放控制在环境可自然净化的能力之内。这就是把握对自然资源和环境开发利用的一种度，以避免对环境和人体健康造成损害。目前的问题是，我国严重的环境污染和资源紧缺已成为影响人民健康、制约经济社会发展的重要因素，给我们的时间已经不多了，不要以发展是第一位的和科学上的不确定性为借口，延缓我们采取措施的步伐，这也是中央提出加快转变经济发展方式，重在加快的意义所在。这就是要把握好节奏。

另一方面，要考虑人类社会自身有序发展问题。

首先是人口的控制。地球的面积、资源和环境条件是有限的，能承受的人类这一物种的数量也是有限度的。人类的每一项活动都会在地球上留下生态足迹。其次是要明确人类生活的目标是什么。追求高质量的生活是人类的天性，但绝不是无节制地追求物质享受，而应是一种适度的消费，可称为可持续消费。必须改变目前经济增长至上、高投入高消费的生产和生活方式，树立一种以适度节制的物质消费、避免或减少对环境的破坏、有利于健康、有丰富的精神文化生活、崇尚自然和保护生态的生活观念。

自然生态系统中各类物种生存和扩张存在相互制约的关系。人类作为一种理智的生物，应对自身行为进行约束，处理好人类社会自身的和谐问题是解决好人与自然和谐问题的前提。如果到了靠自然规律来调节人类过度扩张时，人类社会也就走到了尽头。

生态文明的内涵

总而言之，生态文明以环境资源承载力为基础、以可持续的社会经济政策为手段，以致力于构造一个人与自然和谐发展的社会为目的，是遵循自然规律的文明形态。生态文明的内涵包括以下几个方面：

第一，生态文明是一种积极、良性发展的文明形态。生态文明绝不是拒绝发展，更不是停滞或倒退，而是要通过资源生产率的提高、生产生活方式的根本转变，提高人类适应自然、利用自然和修复自然的能力，实现人与自然和谐、健康发展。

第二，生态文明是可持续发展的文明。这包括人类的可持续和自然的可持续，二者是相统一的。人类所有利用环境、开发资源的活动，都必须以环境可承载和可恢复、资源可接替为前提，是一种可持续的开发利用。

第三，生态文明应是一种科学的、自觉的文明形态。原始文明、农业文明包含的是一种自发的生态文明，未来的生态文明应是一种自觉的生态文明，不仅要有哲学上的自觉，还必须有科学上的自觉，要以科技的发展为基础，自觉地转变发展方式。

第四，生态文明与物质、精神、政治文明共同构成了人类文明的整体框架。他们紧密联系，既相互促进又相互制约。从自然是人类社会生存的基础来看，生态文明可以看作是其他三个文明的基础。四种文明在人类发展的不同历史时期都有，只不过各种文明的内涵和形式有所变化。因此，中央提出的生态文明，是与物质、精神、政治文明相对应使用的，是国家处理人与自然关系的伦理要求，是一种治国的理念。

生态文明与物质、精神、政治文明共同构成了人类文明的整体框架。他们紧密联系，既相互促进又相互制约。

实现人与自然和谐的生态文明社会是我们的美好愿望，也是共产主义理想的题中之义。当前我们需要研究和解决的是，在社会主义初级阶段，如何建立与之相符的社会主义生态文明。当前建设社会主义生态文明，必须从国情出发，加快转变发展观念和经济发展方式，建立并完善促进生态文明建设的体制机制，加强环境教育与科学知识普及，具体工作中要以减少环境污染、节约资源能源、大力发展绿色技术和低碳经济为重点。

名家观点 | Experts' viewpoints

张启华　中央党史研究室原副主任

实现生产方式和生活方式根本性变革

中国是一个人口众多且资源有限的大国，如今的经济高速发展，相当程度上是以消耗资源为代价的。

当今世界，绿色、循环、低碳发展正成为新的趋向。我国深刻反思传统工业文明发展模式的不足，充分吸纳中华传统文化智慧，提出大力推进生态文明建设，将生态文明建设纳入“五位一体”总体布局，是践行科学发展观的生动体现。我们必须从加快经济发展方式转变和生态文明建设的双重角度来看待国民经济发展中的高耗能、高污染、高成本问题，通过推进生态文明建设，实现生产方式和生活方式根本性变革。

刘玉瑛　中央党校党建部教授、博导

生态文明是一种新的文明形态

生态文明是一种新的文明形态。所谓新的文明形态，是因为其有别于传统的农业文明和工业文明，是对传统的农业文明和工业文明的反思与超越。这种文明在继承和发扬传统的农业文明和工业文明长处的同时，把自然界放在人类生存与发展的基础地位之上。它倡导的是人与自然的协调发展，要求人类在改造客观世界的同时，主动保护客观世界。生态文明的建设，必将促进社会的全面发展。

如今，我们要建设中国特色的社会主义，实现全面、协调、可持续发展，必须建设生态文明。只有建设生态文明，才能实现经济、社会、环境的共赢。

建设生态文明，仅有“宣示”是不够的，必须在实践中毫不动摇地践行。而践行生态文明建设，关键在于人的主动性。

建设生态文明，仅有“宣示”是不够的，必须在实践中毫不动摇地践行。

吴　斌　国家林业局生态文明研究中心主任、北京林业大学党委书记

制度建设是推进生态文明建设的重要保障

生态文明是人类社会文明的高级状态，不是单纯的节能减排、保护环境的问题，而是要融入经济建设、政治建设、文化建设、社会建设各方面和全过程。

建设生态文明，首先必须转变生产方式，全面促进资源节约，推动资源利用方式根本转变，提高利用效率和效益，严格控制开发强度，促进生产空间集约高效、生活空间宜居适度、生态空间山清水秀。与此同时，要加大自然生态系统和环境保护力度，以解决损害群众健康最突出的环境问题为重点，强化污染防治力度，实施重大生态修复工程，增强生态产品生产能力。此外，应转变生活方式和消费方式，改变一些传统的不合理的生活方式，改变奢侈消费、劣质消费等习惯。制度建设是推进生态文明建设的重要保障，必须改变唯 GDP 的观念，把资源消耗、环境损害、生态效益等指标纳入经济社会发展评价体系，建立体现生态文明要求的考核办法、奖惩制度，形成生态文明建设的长效机制。

Society | 社 会

主题主编 | 梁子剑

单独二孩，纠结的幸福
延迟退休，艰难的选择
老人跌倒，两难的援手

单独二孩，纠结的幸福

01

KEEPING THE
MINUTES OF CHINA
WITH THOUGHTS

主题

穆光宗　将生育政策改革进行到底

刘雪松　人口政策一小步，人性化决策一大步

延伸

张西流　放开“单独二孩”绝非放弃国策

王传涛　“单独二孩”，品尝苦涩的幸福

名家观点

碧翰烽　信力建　梁建章

主题 | Key Articles

将生育政策改革进行到底

穆光宗

核心提示

单独二孩政策只是生育政策改革的初始举措，标志着改革的开始，改革的任务远没有完成，其所释放的“改革红利”是相当有限的。下一步改革的定位和方向应该是，逐步实现自由、适度、优化的生育，努力打造至少有两个孩子的“合适之家”为主流的社会人口生态，构建有利于促进优生优育、生殖健康、人口健康、家庭幸福的优化生育政策和公共服务体系。

近年来，开放二胎的生育政策改革备受瞩目。生育问题关系到千家万户的切身利益，也关系到中华民族的长远发展，是一个重大的民生问题，也是一个重大的战略问题。从1980年9月25日《公开信》提倡一胎化算起，现行生育政策一定33年，终于在十八届三中全会上通过的允许单独家庭生育第二个孩子的《决定》中打开了一个缺口，预示着生育政策的艰难改革拉开了序幕。

客观来看，一胎化政策具有两大弊端：
一是强制性。
二是风险性。

穆光宗
北京大学人口研究所教授、博士生导师，中国人口学会理事，中国老年学会理事，中国人口文化促进会专家委员会委员，中国社会经济系统人口专业委员会副主任委员。

独生子女政策存在着巨大的内源性风险

独生子女政策存在着难以克服的巨大的内源性风险。

客观来看，一胎化政策具有两大弊端：

一是强制性。无视权利的尊严，政策的制定没有广泛的公众参与，从一开始就缺乏群众基础，一直饱受诟病甚至可以说不得人心。

二是风险性。独生子女政策存在着难以克服的巨大的内源性风险，风险性就在于唯一性，而且在执行过程中产生了很多问题。

强制性的一胎化政策给很多家庭带来了巨大的痛苦，例如，强迫堕胎、大月份引产的做法严重威胁了孕产妇的生命和健康。强制一胎化政策带来了很多政策性人口问题，继而转化为更大更难以化解的经济危机和社会困局。事实上，中国进入的不仅仅是人口学意义的高风险社会，而且是多重意义的高风险社会。随着结构性人口问题的形成，一孩化人口危机已经在很大程度上内化、深化、转化和固化了，短期内难以化解。

第一，独生子女教育难，“独柴难烧、独子难教”，存在很多问题。一些独生子女被培养成小皇帝小公主性格，“骄娇”二气不利于他们的婚姻、家庭和工作，孝道伦理弱化，不利于代际传承和社会发展。

第二，独生子女意外地伤残和夭折，给独生子女父母和亲属群体带来了难以想象、挥之不去的痛苦。上百万的“失独家庭”和还没有引起应有关注的“伤独家庭”，对政府和社会的关怀有很高的期待，但实际上又很失望甚至怨恨，普遍面临老无所依挑战，这是一个很大的人道主义问题。

第三，严酷、持续的一胎化、超低生育率和严重的少子化，将可能导致未来人力资源短缺、经济危机、养老危机和国防危机。持续的低生育率带来了年轻人口亏损、劳动力短缺、性别比失衡、少子老龄化等多重人口问题，需要从源头上治理，改革生育政策的定位和导向，即告别一胎化，实现二胎化。

严酷、持续的一胎化、超低生育率和严重的少子化，将可能导致未来人力资源短缺、经济危机、养老危机和国防危机。

单独二孩新政对于实现“适度生育水平”可能没有实质性帮助

首先受益于单独二孩生育新政的，是单独但又想生二胎的家庭，这样的家庭大概占了40%～60%，但真正落实的比例可能更低。例如，过去几年里，上海只有20%的双独夫妇生了第二胎，上海“六普”时总和生育率只有大约0.7%，属于不可忍受的极端低生育率。对响应政策并付诸行动的单独夫妇来说，抓住生育新政的机遇有利无弊，可以在一定程度上规避独生子女的各种风险，增强家庭抵御风险的能力，让孩子有伴有爱，享受手足亲情，使自己晚年更有保障，使得家庭的结构更加牢固，家庭的发展更有希望，家庭的幸福指数也更高。从宏观层面来看，中国需要的是至少有两个孩子的“合适之家”成为社会的主流家庭，为此要尽量减少只有一个孩子的非常脆弱的“风险家庭”的产生、规模和比重。

有专家估计，单独二孩的生育新政实施之后，每年新增的婴儿不过百万。由于人们的生育意愿已经发生了根本性的转变，受独生子女生育文化的影响和浸染时间太久，出现了很多自觉追求“核心家庭”、放弃政策内二胎的选择，因此估计今后几年实际的平均生育率很可能在1.3% ~1.5%之间波动，继续深陷于“超低生育率陷阱”。如此小的生育反弹，对于弥补长期以来的人口亏损帮助甚小。“单独二孩”所带来的出生增量、所释放的改革红利难以遏制劳动年龄人口的减少、少子老龄化、性别比失衡、内需萎缩等大趋势。

“单独二孩”所带来的出生增量、所释放的改革红利难以遏制劳动年龄人口的减少、少子老龄化、性别比失衡、内需萎缩等大趋势。

生育政策的放开意义在于，纠正独生子女政策背后“生育率越低越好”的错误认识，以及应对政策执行之后所带来的人口亏损、人口萎缩、人口失衡、人口老弱的多重挑战。

单独二孩政策只是生育政策改革的初始举措，标志着改革的开始。改革的任务远没有完成，其所释放的“改革红利”是相当有限的，因为其受益群体——单独家庭——数量有限，而且真正愿意生第二孩的家庭比例不高，真正响应和落实政策的比例，可能比预估得要低得多。极有可能的是，单独二孩不仅没有带来生育率的反弹，而且由于低生育文化形成的强大惯性，80后“新生代”的生育率会继续走低。因此，对“生育堆积”所造成负担的担心很可能是多余的：

第一，国家并没有放弃二胎生育的审批和管制，不经批准的生育可能算“超生”。有序的宏观调控会分散集中生育带来的压力。

第二，单独家庭会根据自身的不同情况决定什么时候怀孕，个体生育的差异性大于一致性，生育决策和行为也是分散性大于聚集性。

第三，受益家庭数量有限，而且由于生养成本大幅度提升，超越了很多家庭的承受能力，所以实际选择再生育的家庭可能会少之又少。

换言之，仅仅单独二孩对于实现“适度生育水平”几乎没有什么实质性的帮助，人口萎缩、失衡、亏损、老弱的大势已定，即使全面鼓励二胎，恐怕也难以逆转了。单独二孩是部分还权于民，即便对受益的那个群体来说，也没有做到完全自由、自主的生育。所以，生育新政的出台其实是喜忧参半，不仅是“单独欢喜非独忧”，而且是“想儿欢喜生儿愁”。

生育新政的出台其实是喜忧参半，不仅是“单独欢喜非独忧”，而且是“想儿欢喜生儿愁”。

单独二孩新政只是生育政策改革的初始举措

单独二孩这项改革的受众面有限，只是惠及了单独家庭，属于“一小步改革”。毫无疑问，非独家庭同样需要规避独生子女带来的诸多风险，而非独家庭的母亲多是70后，她们的岁数不饶人了，处在34～43岁的年龄段，已经逼近甚至突破了适龄生育的上限年龄（一般优生学认为是35岁）。所以，75后母亲想生育第二胎的愿望更强烈，事实上她们的生育机会也更少，更值得关怀。这项改革是单项改革，没有一揽子解决问题，生育权既不自由也不平等。

改革的红利大小取决于改革的深度、广度和力度。改革红利的逻辑是：不改革，没红利；小改革，小红利；大改革，大红利。可以想见，这项初始改革所取得的改革红利相当有限。备受诟病的强制计生，是最需要及早改革、全面改革、深度改革的领域。如果单独二孩政策之后持久没有新的改革措施的跟进，那就可能丧失改革时机以及连续性的改革可能收获的更大“改革红利”。

如果单独二孩政策之后持久没有新的改革措施的跟进，那就可能丧失改革时机以及连续性的改革可能收获的更大“改革红利”。

中国期待着更加清晰的生育政策改革路线图和时间表，改革的方向和定位是：

首先，在生育的权限上，要只争朝夕，放弃管制，全面开禁，还权于民，逐步实现自由、适度、优化的生育。所谓自由生育，是指生育是天赋人权，神圣不可侵犯；所谓适度生育，是适龄适时适量的生育；所谓优化生育，不仅是指生育是自由自主、理性适度的，而且是优生优育、生殖健康，以及有生育效用、能养儿防老。

在文明社会，政府是义务主体，公民是权利主体。权力是为权利服务的，而决不是凌驾于权利之上任意践踏和奴役权利。强制计生的弊端在于强大的公权力限制甚至剥夺、侵犯了弱小的私权利，这就是提出“还权于民”的出发点和归宿点。在这个意义上，权利因为受到保护而幸福，权力因为受到约束而高贵。在公权力和私权利边界清晰的各自领域里，二者才可能相安无事同时相得益彰，和谐共生，幸福共享。

强制计生的弊端在于强大的公权力限制甚至剥夺、侵犯了弱小的私权利，这就是提出“还权于民”的出发点和归宿点。

其次，在生育的导向上，避免一胎化，规避风险，造福于民，为宏观上达到适度生育水平，政府应倡导和鼓励二胎生育，努力打造至少有两个孩子的“合适之家”为主流的社会人口生态。

再次，在生育的服务上，政府要构建有利于促进优生优育、生殖健康、人口健康、家庭幸福的优化生育政策和公共服务体系，同时要积极稳妥地解决好持续一胎化所带来的社会后遗症和计划生育所带来的家庭后顾之忧，如对计划生育老人特别是失独老人、空巢老人、高龄老人、失能老人、贫困老人、孤寡老人等，要给予必要的人文关怀和社会帮助。

人口政策一小步，人性化决策一大步

刘雪松

核心提示

单独二孩新政顺应了时代要求，更顺应了民众意愿。通过十八届三中全会，人们感受到的新一届政府已经不仅是生育新政本身带来的普惠，更看到了人性化决策带给民生未来的更多潜在“红利”。这也正是这项新政能够成为舆论焦点的原因所在。

放开单独生育二胎限制，中国人为的生育断层，理论上从此画了一个句号。

对于启动单独二孩新政的意义，国家卫计委总结出三个“有利于”：有利于保持合理的劳动力规模，延缓人口老龄化速度，促进经济持续健康发展；有利于逐步实现国家政策与群众意愿的统一，提升家庭抵御风险的能力，增强家庭养老照料功能，促进家庭幸福与社会和谐；有利于稳定适度低生育水平，促进人口长期均衡发展，促进人口与经济、社会、资源、环境的协调和可持续发展。

虽然早已有风声透露，但是，这番话出自最具权威的计生权力机关，还是给人一种翻脸就像翻书一样的戏剧效果。而在不久前，官方对内对外的统一口径，依然是几十年来不变的那句：计划生育政策不会变。

而在新政出台之前，各路专家的表态，与此前的计生官员的表态同样不靠谱。专家们以代言的角色自居，断定放开单独二孩不被欢迎，而民调恰恰与他们的结论相反。

刘雪松
钱江晚报记者、评论员。

确实，放开单独二孩，不同的人可以从不同的角度，解读出不同的益，或者弊来。这就像独生政策以来，每个时期，都有足够的理由来强调重要性和伟大意义一样，严格控制的时候如此，放开双独、放开单独的时候也是如此，都能找出无限的好来。

可以预料，未来全面放开二胎生育，应该是个指日可待的事情。这是人口结构越来越显现的弊端的调整之需，也是适应民众生育愿望的情感之需。

新一届中央领导，是新中国以来“只有一个好”的计划生育政策的实践者，他们自己有着与民众相同的情感体验。一以贯之几十年的人口生育官腔，为何突然在今天出现截然相反的态度？这不是一个突然发现的过程，而是缘于实事求是的态度转变。国家计生委总结的这些“有利于”，既顺应了时代的要求，更顺应了民众的意愿。通过十八届三中全会，人们感受到的新一届政府已经不仅是生育新政本身带来的普惠，更看到了人性化决策带给民生未来的更多潜在“红利”。这也正是这项新政，能够成为舆论第一焦点的原因所在。

一以贯之几十年的人口生育官腔，为何突然在今天出现截然相反的态度？这不是一个突然发现的过程，而是缘于实事求是的态度转变。它还在一定程度上，带来了生育权的公平与公正。

仅从伦理上看，计生新政是还民众生育权迈出的可喜一步。也只有这一点，完全不带功利的色彩。同时，它还在一定程度上，带来了生育权的公平与公正。

事实上，目前已经生育二胎甚至更多的，除了娱乐明星和创富达人，更大的人群集体在受教育程度相对落后、经济条件相对不足的农村。相反，城市人口、特别是自身受教育程度较好、收入相对稳定的在职人员，在生育意愿上受到的限制更加严苛，附加在他们身上的超生处罚力度更大，使得生育二胎在一部分人中可以成为既成事实，在另一部分人中成为高压线。这种生育现状，造成了众所周知的现实：生育的公平与公正受到了严重的挑战。

由此带来的另一个现实就是，相对能够提供更好的教育机会、提供更好的抚养条件的人口未能生育二胎，而相对贫乏的人口，却承担着与其教育、经济条件不相适应的生育负担。由此，未来人口的综合素质，无疑将出现失调。这是长期以来中国城乡经济文化发展不均衡、教育医疗等民生保障客观存在差距带来的现实，舆论不能用简单的“歧视”情绪来看待现实中城乡差别与人口素质之间的关系。

此次单独放开二胎新政，符合生育条件的人群，看上去大都是城市人口，实际上是一次符合生育新政人群的普惠。农村人口中已经生育二胎的单独人群，给二胎有了一次“正名”的机会，符合条件未生欲生的，可以自主选择生与不生。而对于城市居民来说，从某种意义上，是还给了符合生育条件的人群迟到的生育公平。此前有专家担忧的新政会对农村人口生育造成不公平，其实是完全站不住脚的。

受养儿防老等观念的影响，中国农村已经在超生等方面，出现了与城市人口生育比例严重的不协调。从社会的功能角度看，放开单独二孩，多多少少将起到一定的正向调节作用。这也是众多发达国家，在控制人口与鼓励生育的相互平衡中，受教育优先、兼顾抚养能力和社会供给的原因所在。

放开单独二孩，是人性化大于功利化的一项新政。中国延续了数十年“只生一个好”的计划生育政策，虽然从放开双独二胎，到放开单独二孩，在控制人口增长的宏观决策中只迈出了很小的一步，但在政府决策的人性化上，却迈出了巨大的一步。一时的人口增长，可能会拉下一部分人均 DGP 的比率，增加一部分社会负担和家庭支出，但是，在这项新政中，人们感受到了政府决策在顺应民意、处理控制地球人口增长的国际担当与民众人性化需求这对日益增长的矛盾关系上，充分考虑到人性化的诉求。这为未来政府决策更加趋于以人为本，提供了一个良好的范例。

事实上，民众对于很多人性化的需求，并不意味着人人都在这个需求中得到某种实惠。就像这次计划生育政策的重大调整，并不意味着放开单独二孩，只有想生二胎的民众有所期待，这其中包括了或许与已经无关的旁观者的判断和意愿。民调显示，即便符合二胎新政的人群，也有 30% 左右的民众选择不会生育二胎。那种视放开单独二孩为洪水猛兽的态度，不仅是短视的，更是主观武断的。中国顶层设计的决策者，作为影响民众生存环境的执政者，如果在人性化与功利化、与制度化的多重关系中，坚持以人性化为主导，找到变通的平衡

中国顶层设计的决策者，作为影响民众生存环境的执政者，如果在人性化与功利化、与制度化的多重关系中，坚持以人性化为主导，找到变通的平衡点，就一定会收到决策与民意共同豁然开朗的效果。

点，就一定会收到决策与民意共同豁然开朗的效果。

近几十年以来，中国媒体从未像今天一样，大胆地讨论超越“只生一个好”以外的话题。十八届三中全会出台的“放开单独二孩”新政，将这个敏感话题，完成了一次“脱敏”。这本身，就是一个人性化的例证。民众有理由，对未来生活有更多的期许。

延伸 | Extended readings

放开“单独二孩”绝非放弃国策

张西流

核心提示

计划生育产生了很多社会问题，但也缓解了人口增长对资源环境的压力。国家卫生计生委明确指出：“全国不设统一的时间表，现阶段不会实施普遍两孩政策”，表明放开“单独二孩”，绝非是放弃国策，中国将继续坚持计划生育不动摇。

计划生育的政策是否继续推行,关键是要权衡利弊关系。

此前，国家卫生计生委明确，启动实施“单独”两孩政策，全国不设统一的时间表，将由各地区根据实际情况，确定具体时间。同时明确，现阶段不会实施普遍两孩政策。

近年来，有关是否放开二胎生育政策的争议不绝于耳；特别是来自坊间的声音，支持的一方明显压倒了反对的一方，一些人大代表、政协委员及专家，也加入了支持的行列，为放开二胎生育政策奔走呼号。如今，三中全会“一锤定音”：“坚持计划生育的基本国策，启动实施一方是独生子女的夫妇可生育两个孩子的政策。”特别是国家卫生计生委明确指出：“全国不设统一的时间表，现阶段不会实施普遍两孩政策”，表明放开“单独二孩”，绝非是放弃国策，中国将继续坚持计划生育不动摇。

事实上，计划生育的政策是否继续推行，关键是要权衡利弊关系。必须承认，正因为我国坚定不移地执行了三十多年的计划生育政策，全国共少生 4 亿多人，创造了较长一段时期人口抚养费用比较低、储蓄率较高的人口红利条件，有效缓解了人口增长对资源环境的压力，极大地改善了国民的生存与发展状况。然而，人口低生育率也

张西流
时政评论员。

带来了一些社会问题。比如：减少了劳动力的供给和提高了劳动力成本，从而对城市比较优势和产业结构产生重大影响；减少了家庭的消费需求，不利于内需的扩大和经济持续增长；将不可避免地带来人口老龄化和高龄化，对社会保障体制的财力可持续性产生直接冲击。

但这些问题是可以在今后的发展过程中逐步得到解决的。特别是，中国是“人口大国、资源小国”，即便是执行了计划生育政策，人口也已经接近了14亿，人口与资源的矛盾日益突出。再者，我国依然是发展中国家，经济发展依然比较落后，社会保障力量依然比较薄弱，社会和家庭承担人口教育、就业、住房、医疗等方面的能力依然比较脆弱。如此背景下，如果贸然取消计划生育政策，势必会造成人口增长加快、社会负担加重、资源和环境压力加大等，也势必会影响我国经济社会的可持续发展。

显然，坚持计划生育政策利大于弊。因此，严格执行计划生育国策，降低生育水平，提高人口素质，规避人口增长过快与资源不足和环境恶化之间的矛盾，将是我国当前和今后的一项重要而又艰巨的任务。这就要求地方政府必须正确执行计划生育政策，在放开“单独二孩”的同时，严格控制人口增长；应坚持宣传倡导、依法行政与利益导向相结合，引导群众自觉实行计划生育，切实把稳定低生育水平这一首要任务抓紧抓好。

严格执行计划生育国策，降低生育水平，提高人口素质，规避人口增长过快与资源不足和环境恶化之间的矛盾，将是我国当前和今后的一项重要而又艰巨的任务。

“单独二孩”，品尝苦涩的幸福

王传涛

核心提示

多了选择生二胎的权利，是一种幸福。但是，在一个孩子都能让整个家庭的两代人都成为“孩奴”的当下，这种幸福又显得那么苦涩。

十八届三中全会出台的“放开单独二孩”新政，在社会上引起了强烈反响。“单独二孩”政策虽已开始放开了，但生孩子之后的负担问题却也实实在在地摆上了不少家庭的桌面。数据显示，“单独二孩”政策将会影响到我国1500万~2000万家庭。那么，如果你的家庭属于符合“单独二孩”的行列，你会选择再生一胎吗？

某卫视台对于这一问题进行了街访——你会选择再生一胎吗？在镜头中一位只露了一秒多钟面的市民斩钉截铁地回答道，“无力承担，谢谢！”我想这代表了许多家庭的纠结状态：虽然我们有权利生二胎，但是，在一个孩子都能让整个家庭的两代人成为“孩奴”的当下，生二胎可能会成为更多家庭的不可承受之生命之轻。

综合看来，生二胎的压力主要包括以下几个方面：

一是经济压力。有数据统计显示，结婚和生子是最能拉动国内消费的家庭行为，尤其是生子对家庭负担的贡献更大更长期。奶粉贵、看病贵、入托贵、择校贵、买房贵、培训贵，都会成为一些家庭是否生二胎的考虑因素。

二是精力有限。当前，年轻人的工作压力大，在家里的时间非常少，周末陪孩子游玩、上辅导的时间本来都不多。

王传涛
媒体评论员。

三是谁来照料。老人照料是许多家庭的选择，但是，同在一个屋檐下的生活问题，也会日益凸显出来。

四是入托难和上学难的问题，尤其是在北上广深等大城市。

五是担心“养而不教，教而不善”。

在政府福利对新生儿基本无优惠、“摇篮里的负担”完全由家庭来承担的当下，产假的长短、奶粉的补贴、保险制度的花销、教育问题的棘手，也都会成为年轻人是否想要二胎的心结。因此，作为一名纳税人，我们更加希望看到政府的福利制度从“摇篮”开始建起——对于新生儿的福利制度，要尽快完善。降低一点儿生育成本，应该提上日程。

“单独二孩”政策的放开，意味着权利的扩大。需要明确的是，权利扩大的意义不在于我们是否用实际行动践行了它，而在于这是一种自由的选择——多了选择的机会，本身就是一种幸福。只是，幸福来的太突然，当我们真正体会一下所谓的幸福到底意味着什么时，我们才发现，政策给我们带来的幸福也算是一种幸福的烦恼。

当我们真正体会一下所谓的幸福到底意味着什么时,我们才发现,政策给我们带来的幸福也算是一种幸福的烦恼。

进一步说，幸福的烦恼，也是一种烦恼的幸福。我们更加期待，随着政策的逐渐宽松，也随着“总人口不会猛增”的结果完成实证，更随着优生优育观念的深入人心，整个计划生育这个基本的国策能够出现更大范围和更大程度的优化，包括全面放开二胎生育，更包括计划生育政策的完全废止。

名家观点 | Experts' viewpoints

碧翰烽　社会、文化评论员，知名博主

单独二孩不如普遍二胎

盘点当前我国的计划生育政策，目前共有九类人群有条件生育二胎：

1. 夫妻双方都是独生子女；
2. 农民；
3. 男方入赘并赡养老人家庭；
4. 矿工渔民等特殊职业；
5. 少数民族；
6. 归国华侨、港澳台同胞，夫妻一方是外国公民；
7. 夫妻一方是伤残军人（或是基本丧失劳动能力的残疾人）；
8. 第一个子女身体有残疾；
9. 再婚夫妻。

如果再加上“单独二孩”，又增加了一类人群。

这样繁杂的计生政策，本身就是一种歧视和不平等，加上计划外生育的人群越来越多，真正受计划生育约束的人并不多。有鉴于此，计划生育政策应该实行全国统一的标准，不分地区、民族、职业等各种条件，实行普遍的、统一的“二胎”政策，彻底放弃“一胎”政策，真正让计划生育回归平等、相对自由的权利需求。

信力建　信孚教育集团董事长、21 世纪教育研究院理事

放开单独二孩教育资源不会紧张

首先，放开单独二孩对人口增长的冲击非常有限。据统计，计划

生育三十多年，广东总和生育率（平均每位妇女育龄期生小孩的数量）从上世纪 70 年代的 5.8 下降到目前的 1.7。如果放开单独二孩政策，广东省每年新出生人口也只增加 20 万～30 万人，且增量不会持续很久，3～5 年后会逐步走低，回到正常。加上如今年轻人生育观和价值观不同于前几代人，人口暴增不大可能。

其次，所谓“优质资源紧张”是一个伪命题。何谓“优质资源”？公办背景的幼儿园、学校就称之为“优质资源”吗？如果是这样定义，显然是不妥当的。公办幼儿园、学校享受公共财政补贴和各种政策便利，办得好是理所当然的。但如果社会上只有公办的办得好，就不正常了，它背后涉及的是公平竞争问题。众所周知，真正办得好的学校之所以不够，不是公办的太少，而是垄断的手伸得太长，造成教育资源供给失衡，民办教育很难与得天独厚的公办教育抗衡，才有“资源紧张”的情况出现。

真正办得好的学校之所以不够，不是公办的太少，而是垄断的手伸得太长，造成教育资源供给失衡，民办教育很难与得天独厚的公办教育抗衡，才有“资源紧张”的情况出现。

因此，没有行政干预的市场，会更灵活、更充足地适应社会需要。要知道，优质教育资源不足的问题并非在“放开单独二孩”后才产生，也不能就此认为“放开单独二孩”必须搞“错峰生育”，这意味着“放宽”的不过是用一个计划性方法去消灭另一个计划性的方法，那无疑是一种倒退。根本问题在于，教育资源不足就必须增加供给。而增加供给就必须打破行政垄断，引入各种资本，调动社会力量参与办学，使教育资源能够满足新增人口的需要。教育资源是否“优质”，有关部门更不必担忧，因为只要市场是公平和开放的，学校之间教育质量的竞争必定会趋向激烈，学校也会更关注家长的实际需要，从而修正办学理念和教学模式。

梁建章 携程旅行网董事会主席，北大光华管理学院经济学教授

仅仅放开二胎是不够的

由于长期实行生育限制政策以及一面倒的宣传，中国社会对维持正常繁衍所需的生育状态的预期，已经被严重扭曲。根据性别比和女

性年龄别死亡率，中国的生育率更替水平是2.2，也就是每对夫妻平均需要生育至少2.2个孩子才能维持人口最终不衰减。但根据2010年的人口普查数据，中国的生育率已降到1.18，即使考虑到15%的漏报率，生育率也仅有1.4；国家统计局2011年的抽样调查生育率更是低至1.04。即使生育率处于1.4，那也意味着每过一代人（25至30年），中国出生的人口将减少36%。

低生育率已持续到老龄化、开始导致抚养压力上升的阶段，提高生育率短期内反而是加重压力，其缓解效果要二三十年后才能体现。

无论是双独放开二胎的效果，东亚各国的经验，各种城乡生育意愿调查，还是低生育率下的生育行为分析都表明，中国已经陷入低生育率陷阱。比如，甘肃省在2002年双独放开二胎后三年，仅有六对夫妻申请了生育二胎；新疆奎屯市双独放开九年，仅办理一例。这种双独少生并非特例，而是全国的普遍现象。还有，高生育率惯性下，降低生育率马上就能缓解抚养压力，但像我们这样低生育率已持续到老龄化、开始导致抚养压力上升的阶段，提高生育率短期内反而是加重压力，其缓解效果要二三十年后才能体现，所以低生育率的惯性，比高生育率惯性更强劲、更持久，也更难应对。

真正需要担心的不是放开后出生人数的短暂反弹，而是几年之后，新生儿数量又会雪崩式地下滑。原因除了生育率在补偿生育结束会回落之外，是育龄女性急剧减少，这背后是1990年代生育率快速下降，导致90后母亲在不到10年会减少约一半。这个大滑坡将严重恶化老龄化程度，加剧未来人口的衰减。如果其后不大力鼓励生育，所谓维持人口和社会均衡发展的愿望将成为泡影。

延迟退休，艰难的选择

02

KEEPING THE
MINUTES OF CHINA
WITH THOUGHTS

主题

郑功成　延迟退休有必要，如何“渐进”需思量

唐　钧　延迟退休无意义，公平正义是关键

延伸

郑秉文　双轨制不破，社保难推进

傅蔚冈　分类延迟退休须警惕寻租空间

名家观点

叶　檀　刘洪波　毛承之

肖　磊　寇江泽

主题 | Key Articles

延迟退休有必要，如何“渐进”需思量

郑功成

核心提示

延迟退休是为了缓解养老金支付压力吗？渐进式延迟退休如何推进？推行中可能存在哪些问题？怎样尽量减少对现行社会的影响？

延迟退休年龄备受社会关注，关系到尚未退休者的切身利益，也关系到经济社会的可持续发展。十八届三中全会通过的《决定》明确提出，研究制定渐进式延迟退休年龄政策。各界在从多方面分析讨论中，也存在一些误解、误读，有的甚至认为延迟退休仅仅是为了缓解养老金压力。对此，应该在认识上予以澄清。

延迟退休有必要

其实，这项重大公共政策决策，是在综合考虑多种因素基础上稳妥审慎作出的，不应将其目的解读为应对当前并不存在的养老金支付压力。只有结合计划生育政策调整、劳动力供求状况变化、产业结构优化与就业政策调整，以及考虑到社会公平取向、人口老龄化及健康因素等，才能正确理解这项政策的重要性和必要性。

首先，劳动力供给不足将难以避免。

郑功成
全国人大常委会委员、中国人民大学教授。

我国劳动力供求关系正在发生新的变化，劳动力供给总量已经越过了顶峰开始逐年减少，20 年后出现劳动力供给不足将是难以避免的。那时完全有可能出现日本自上世纪 90 年代以后的劳动力紧缺状况，现在研究制定渐进式延迟退休年龄正是未雨绸缪。

其次，预期寿命和受教育年限持续延长因素。

我国人均预期寿命和受教育年限持续延长，决定了人生工作周期也需要作出相应调整。

第三，必须促进性别平等。

现在女性退休年龄大幅度低于男性，不仅过早地剥夺了女性的工作权利，也过早地剥夺了女性的发展机会与发展空间，并直接影响到其经济利益与福利待遇。

第四，制度公平与可持续发展的需要。

必须维护养老保障制度代际负担的公平，即在人口老龄化的进程中，需要微调退休年龄，以避免下一代人负担过重，这是制度公平与可持续发展的需要。如果没有上述多重因素的影响，仅仅将延迟退休年龄视为解决养老金收支缺口的权宜之计，是不可取的。

如何减少延迟退休对现行社会可能造成的影响

作为一项战略选择，延迟退休不是立即要采取的政策，也不是在短期内大步迈进的政策；不是单一因素可以决定推进的政策，也不会是完全不顾不同类型劳动者差异性的政策，而是一个需要长期渐进的过程。我们建议，从以下几方面采取措施，以尽量减少延迟退休对现行社会可能造成的影响。

> 每年以延长2~6个月的工作时间，经过30年左右的推进，实现男女65岁同龄退休。

一是坚持小步渐进。

即每年以延长2~6个月的工作时间，经过30年左右的推进，实现男女65岁同龄退休。这种小步渐进方式，更多的是应当考虑劳动力供求变化及其对就业的影响，绝不应当是服从填补所谓养老金收支缺口的需要。小步渐进将是一个长达数十年的过程，其实质影响将在20年以后，提前作出相应的准备是理性的举措。

二是应当提前出台政策，间隔一定时间后再正式实施，以便人们在预期清晰的条件下能够从容地安排好工作与退休生活。比如2015年前作出决定，2017年以后开始付诸实施，到2040年前后达到预期目标，中间还可以考虑根据相关要素的变化分段推进。

这种小步渐进方式,更多的是应当考虑劳动力供求变化及其对就业的影响,绝不应当是服从填补所谓养老金收支缺口的需要。

三是女先男后或者女快男慢，以便逐渐实现退休制度与养老保险制度中的性别平等。就男性及被城乡居民养老保险制度覆盖的人口而言，现行规定是60岁退休，延迟退休的空间并不大；而职业女性则被分成若干等级，低于规定级别的女干部与知识分子是55岁退休，而女职工的法定退休年龄是50岁。因此，女性延迟退休的空间要大于男性，需要先行或快行延迟退休，才能最终实现男女同龄退休，进而实现平等的工作权益与福利权益。

四是兼顾特殊，允许有一定的弹性。尽管从公平出发，必须确立基准退休年龄，但考虑到不同类别、不同性别以及身体状况不同的劳动者的实际情况，应当设立相应的弹性空间，供劳动者选择。同时，还应当兼顾工作年限的长短，照顾工龄长的劳动者，如工龄达到30年以上者应当区别对待，或允许按照现行政策退休，或者可以自主选择退休。总之，制定能够兼顾特殊的弹性政策，将能够确保这一公共政策更能被接受。

五是强化利益激励机制，让劳动者逐渐愿意选择多工作一段时间。必须改变劳动者工作报酬长期偏低的现状，让劳动者在岗期间真正实现劳有所值、劳能共享。强化养老保险制度多缴多得的激励导向，延迟退休者应当在养老金水平上得到补偿，不能让延迟退休者多缴少领而蒙受利益损失。还应当规范退休人员再就业政策。

延迟退休无意义，公平正义是关键

唐　钧

核心提示

中国的劳动力总量、结构、劳动生产率、职业环境、社会环境与发达国家都不相同，延迟退休的实际意义不大。公平才是目前最需要解决的问题，需要建立一个既考虑经济理性，又兼顾人文关怀的社会保障机制。

2007 年我国城乡低保已经全覆盖，2009 年确立了机关公务员公费医疗、企业职工医疗保险、农村新农合、城市居民养老保险四项制度，基本达到全覆盖的目标。2013 年 3 月，养老覆盖面已经达到了 80%，目标是“十二五”期末能够覆盖全民。当然也有标准的问题，农村所谓的“养老保险”，每月只有 55 元，不过一次感冒的花费，但毕竟是从无到有。改善养老标准是今后的目标，但又面临许多新问题，养老保险制度争议很多，特别是延迟退休年龄这一热点问题。

中共十八大报告提出：“统筹推进城乡社会保障体系建设。社会保障是保障人民生活、调节社会分配的一项基本制度。要坚持全覆盖、保基本、多层次、可持续方针，以增强公平性、适应流动性、保证可持续性为重点，全面建成覆盖城乡居民的社会保障体系。”这里突出了覆盖城乡居民，可持续、适应流动性，增强公平性，都是此前未有的。十八届三中全会《决定》当中说，要“研究制订渐进式延迟退休年龄政策”。延迟退休年龄已是必然，加了“渐进式”的定语。

唐　钧
中国社会科学院研究员、社会政策研究中心秘书长。

新一轮改革政策应首先考虑能否给百姓带来切实好处

延迟退休年龄问题于2004年由学者首先提出，而后人社部也曾经呼应，从2012年起至今，各方对该问题的议论越讲越多，但相应政策的制定应十分慎重。

深化改革、新一轮改革政策出台，首先应考虑能否给百姓带来切实好处。改革开放从大包干开始，使农民获利，到上世纪80年代，广大人民群众逐渐得益。然后到90年代，时任总理朱镕基才有可能实行下岗分流，因为此前大家都得到了好处，对党非常信任。但如今，一些改革政策可能会伤害百姓，而之前的一些基础已经薄弱。改革要顺利，信任要维持，对未来要有预期，深化改革首先要给老百姓带来好处。即或看不到明显的好处，至少一开始不能对老百姓不利。在本世纪初转制并轨失业的人，当时如果40岁，现在也就50多岁，还没到退休年龄，他们的日子非常不轻松，一旦拿到退休金就可以喘口气。如果推迟退休年龄，对他们打击最大，哪怕推迟一个月，压力也很大。这个问题一定要非常慎重地考虑，至少应该等这一代人退休。

改革要顺利，信任要维持，对未来要有预期，深化改革首先要给老百姓带来好处。即或看不到明显的好处，至少一开始不能对老百姓不利。

发达国家延迟退休是为增加劳动力

延迟退休，官方的核心理由是发达国家都如此，即是国际趋势。发达国家确实从上世纪90年代开始，但并非因为养老金问题，而是社会老龄化。这其实是两方面促成的，一是人的寿命越来越长，老年人越来越多，二是人口出生率下降，新生劳动力越来越少。所有的发达国家都面临这样的问题。主要发达国家人口多为几千万，少的不过几百万，美国是发达国家中人口最多的，3亿，只相当于中国的零头。一个小的国家，老年人增多，劳动年龄人口减少，马上捉襟见肘。最早延迟退休年龄的动议，其实就是为了增加劳动力供给。

法国中央银行行长诺瓦耶跟中国社科院人力资源和社会保障研究所所长蔡昉说："我们延迟退休的真实目的是增加劳动力供应、提高劳动参与率，但公众误认为我们是为了减少养老金的支出。"现在，大部分国家将在职者的退休年龄从60岁推迟到65岁。养老保险制度最早始于1873年的德国，当时退休年龄定为70岁，但彼时德国人平均寿命只有50岁，二战后大部分退休年龄变成60岁。所以提高到65岁，相对来说欧美还是比较容易接受的，以前想工作没有工作，现在多干几年也很愿意，并没有引起很大风波。

发达国家确实从上世纪90年代开始延迟退休，但并非因为养老金问题，而是因为社会老龄化，为了增加劳动力供给。

本世纪以来发达国家经济都不太景气，尤其是2007年以后美国的金融危机影响到全世界，欧盟出现了债务危机，这时采取了很多紧缩政策。在此前提下，延迟退休也跟养老金挂钩，但没有明显的效果，至少我们还较少见到这方面的研究成果。而另一方面，现在所有发达国家的失业率都非常高，一般失业率在10%左右，而大部分欧洲国家的青年失业率已超过20%。老年人若不退休，就难以为青年人提供新的工作岗位，这是全世界的普遍现象。

延迟退休要看实际意义

应该说，延迟退休，在一般白领看来比较好接受，但是一线的蓝领工人比较难以接受。发达国家和发展中国家的阶层结构不同。在发达国家，中产阶级占到60%以上，蓝领工人一般只占20%，甚至更少。在这样的情况下，政府不怕得罪蓝领工人，所以可以强行通过。但中国的蓝领工人占到60%甚至70%，中产阶级还很少。而且外企职员，因劳动强度和工作压力非常大，大多都不愿意延迟退休。如前所述，从2012年至今媒体各种调查结论看，70%以上的人反对延迟退休，正好与阶层结构接近。

此外，职业环境与工作条件不同。欧洲发达国家一般实行6小时工作制，职业歧视较少，有强大的工会支持。外资公司如果要减员，一般辞退新员工，保留老员工。但在中国，很多员工一天要工作

10~12个小时，甚至更长，还有大量年龄性别歧视，蓝领工人女性40岁以上、男性50岁以上就很难找到工作，如果延期退休，找工作就更困难，不但拿不到养老金，还要继续交养老保险。

按照人社部的数据，中国每年大概新增劳动力2000万，而每年新增工作岗位1000万到1200万，其中30%是自然更替，有人退休、有人补进来。从经济学角度看，失业有四种状态：周期性失业、季节性失业、摩擦性失业、结构性失业，但中国还有总量性失业，即劳动力太多，怎么安排也有失业。

我们预计中国老龄化最高峰时将有4亿老人，劳动力只有8亿，两个人养一个人。但这只是从保险的框架来看问题，也就是8亿劳动力缴费来养4亿不缴费者。养老问题实际上是社会分配问题，本质上取决于两个条件。首先，退休时社会经济能够创造多少财富，其次，这些财富怎么分配。当老龄化高峰来临时，政策如果对老年人有更多优惠，就可以多一些财富进行分配，问题可以解决。因为除了单位和个人缴费，社会保险法也规定政府要承担责任。

现在常说养老保险有缺口，意指单位和个人缴费不够发养老金，这其实是将社会保险看做商业保险了。现在拿不到养老金者都是制度外的人，参加社会养老的人应该拿到了养老金，当然也有个案，但是一般来说不会，如果有缺口，政府财政补上。社会保险法规定，养老保险的资金来源于三方面：单位缴费、个人缴费和财政补贴。老龄化趋势下，交社会保险的人越来越少，领保险的越来越多，所以单纯靠缴费不够，还需要财政补贴以及其他很多手段。十八届三中全会《决定》也指出，要拿国有资产收益来补贴养老保险的缺口。应该说，养老保险基金并没有像很多人认为的那样支持不下去，至少五年到十年内不会出现问题。

老龄化趋势下，交社会保险的人越来越少，领保险的越来越多，所以单纯靠缴费不够，还需要财政补贴以及其他很多手段。

养老并非简单的几个人养几个人的问题。同样是一家三口，父母能赚钱的和父母不能赚钱的，两家过的日子不一样，原因是劳动生产率的不同。中国现在的劳动生产率非常低，只有美国的1/11，日本的1/12。中国经济要继续发展，只能提高劳动力素质，提高劳动生产率。

转变经济增长方式，做 2.0 版的“中国制造”，意味着自动化、高科技、信息化，结果就是少用人工。这是一个比人口自然减少更重要的影响因素。发达国家失业率高，很大程度上是劳动密集型产业转移的直接结果。中国人口多，回旋余地大，如果充分就业，经济发展，要度过老龄化高峰比他国容易。应该引起关注的是，我们的整体经济设计不能完全跟着发达国家的路子走，或以他们的现状定义我们的将来。劳动力是分层次的，有些人可能只适合劳动密集型产业，是不可能转轨的。所以我们更应该担心中国的就业问题。

老龄化出现之后，中国劳动年龄人口的年纪会逐渐偏大，顶峰时平均会达到 30 多岁。如果延迟退休年龄，实际无助于解决结构性问题，也无新生劳动力。我们距离老龄化最高峰到来还有 22 年，要真正解决和缓和中国老龄化高峰，是调整计划生育政策。这次《决定》中已经推出了“单独二孩”政策，虽然调整已经晚一些，但是中国人的生育意愿还在。

老龄化出现之后，中国劳动年龄人口的年纪会逐渐偏大，顶峰时平均会达到 30 多岁。如果延迟退休年龄，实际无助于解决结构性问题，也无新生劳动力。

还有一个问题需要考虑。在当下中国社会，基本没有机构对 0 ~ 3 岁的孩子提供公共服务，如果父母上班，必须要老人帮忙带。北京电视台在拍摄各个小区里老人家带孩子的一档节目中，采访了一位正在哺育期的女性，她说生孩子的时间是计算好的，因为妈妈今年退休。老人退休带孩子其实是社会劳动，是在为社会作贡献，尤其中国的生育率已经低于警戒线了。等孩子到学龄，老人家可能又将服务方向转向比自己更老的老人。中国现在说居家养老，基本靠老人自己。现在女性 50 或 55 岁退休、男性 60 岁退休，他们还有余力，真要延迟退休，恐怕就没有这样的能力了。

据统计，中国的平均退休金只有 1800 元，如果把此看做老人带孩子所取的社会工资，可能就更清楚些。如果都 65 岁退休，孩子就没有人带了，要为 0 ~ 3 岁的孩子和许多老人提供公共服务，恐怕会远远超过 1800 元退休金。

保证公平才是中国社会养老的关键

《决定》还提到要“推进机关事业单位养老保险制度改革”，这是针对双轨制的改革。目前企业职工的退休金少于2000元，而机关事业单位的退休金基本高于3000元。计划经济时代是企业自己发养老金，但改革开放之后不可持续了。上世纪九十年代初，提出向市场经济转轨，很多国有企业、集体企业不复存在或不能正常生产了，出现了很多退休人员领不到养老金的情况，所以进行了改革。改革初期财政能力非常差，现在财政是11万亿元人民币，当时只有几千亿元。改革更多是解决国有企业的问题，改变了企业职工的养老金计算方法，都跟社会平均工资挂钩，最高是70%，病退的是40%~50%。

改革时平均养老金只有700元，企业养老金至今也比较低。但机关事业单位的养老金还是按照70%来计算的。根据工龄，30年以上工龄可以拿到80%，40年以上就可以拿到90%，差距产生。中国的养老金除了支持老人的基本生活费用外，还有大部分支付自费的医药费。每个老人都得准备一笔钱就医，而不是国际通常意义的养老金就是管老年生活。所以从这个角度来说，事业单位的养老金也并不高，企业职工的养老金更低。

> 养老保险真正的问题在于包括农民工和城市间的人口流动。他们缴了养老保险，但一旦流动起来，将养老金转移是很难的，到领养老金时就可能根本无处可领。这是中国养老保险制度迫在眉睫要解决的问题。

简单的并轨，并不能解决企业职工养老金偏低的问题。那么把机关企事业单位的养老金往下拉行不行？事业单位有3000多万教师、1000万医护人员，将他们的养老金下拉，这显然是不可接受的。所以我们的目标是要将企业职工的养老金往上提，而不是将其他人的养老金往下拉。

还有学者说，之所以不能延迟退休年龄，是因为双轨制不公平，只要大家养老金差不多，延迟退休年龄没有问题。其实这是两回事，但确实有人支持先并轨再延迟退休年龄。目前养老金改革要么小改，就是将企业退休人员的养老金上涨，不动其他制度。如果要大改，要将中国的养老金分为两部分，一是基本养老金，追求公平，大家都以中华人民共和国公民的身份交养老金，根据自己收入一定比例来交。领养老金的时候，从国家干部到普通人都在一定的水平上领基本养老金，随着物价上涨每年调整，能够保障基本生活需求；二是补充养老金，跟效率挂钩，即收入多就可以多缴，将来可以多得，这应该由市场操纵。

养老保险真正的问题何在？在于流动问题，包括农民工的流动，也包括城市间的人口流动。他们缴了养老保险，但一旦流动起来，将养老金转移是很难的，到领养老金时就可能根本无处可领。这是中国养老保险制度迫在眉睫要解决的问题。

要考量一个政策好或不好，首先要从经济理性角度考察，在有限的资源条件下追求效率。但这不是唯一尺度，所有政策都不是算出来的，都是政治决策，要考虑多方因素。公共政策还要考虑人文关怀，即在社会分配过程中，以无数个具有平等权利的个体的人为本的公平分配。其次指在整个社会经济发展中，以无数个具有平等权利的群体的人为本的共享与参与。延迟退休年龄，实际上是注重经济理性，忽视人文关怀；双轨制和并轨问题，注重了人文关怀但又忽视了经济理性；在流动人口的转移接续方面，既忽视了经济理性又忽视了人文关怀，这是我们当前迫切需要解决的政策。

延迟退休年龄，实际上是注重经济理性，忽视人文关怀；双轨制和并轨问题，注重了人文关怀但又忽视了经济理性；在流动人口的转移接续方面，既忽视了经济理性又忽视了人文关怀，这是我们当前迫切需要解决的政策。

延伸 | Extended readings

双轨制不破，社保难推进

郑秉文

核心提示

现行社保制度在公平和效率方面都存在着一些问题，养老保险统账结合的设计初衷是好的，但执行起来却并不是那么回事。名义账户制或许是一个解决办法。

我国的社会保障制度是从国企改革中诞生的，十几年来取得了举世瞩目的成就。但我们不得不承认，这项制度仍存在着不少问题，有的问题甚至非常尖锐。

把我国社保制度的问题简单梳理一下，大致可归为两大类，一类是公平问题，一类是效率问题。

我国社保制度存在的公平问题

在公平方面，我国社保制度存在着横向公平和纵向公平两类问题。

横向公平问题的主要表现：

一是不同人群之间的不公平。理论上讲，我国已基本实现养老保险全覆盖，事实上，农民工和城镇灵活就业人员未能完全覆盖，长期裸露在制度之外。

二是地区“割据”情况严重，导致各地的待遇水平存在较大差异。

三是部门之间的不公平，主要是公共部门和私人部门之间存在较

郑秉文
中国社科院世界社保研究中心主任。

大差异性，也就是常说的“双轨制”。

纵向公平是指退休金制度缺乏正常的待遇水平调节机制。近 9 年来，养老金在全国范围内每年上调 10%，退休人员的生活水平得到了极大改善，本来，这是一件大好事。但是，由于上调时外生的行政干预，出现了严重的公平性问题。比如，领 3000 元养老金和领 1000 元养老金同样上调 10%，其绝对额差距会越拉越大，甚至出现倒挂现象，有的地区养老金水平高于工资。

在反对延迟退休年龄的各种声音中，相当一部分是出于对“双轨制”的不满，进而表达对社会不公的不满。2012 年的测算隐性债务、投资体制改革、事业单位改革之所以很难进行下去都与此有关，可以说“双轨制”不打破社保改革很难向前推进。

以上是公平问题。

在反对延迟退休年龄的各种声音中，相当一部分是出于对“双轨制”的不满，进而表达对社会不公的不满。

我国社保制度存在的效率问题

在效率方面，我国社保制度存在着两个宏观问题和两个微观问题。

在宏观效率方面：

一是投资体制低下，养老金贬值风险加大。当前，2.3 万亿元的养老金，全部存在银行，收益率跑输同期 CPI，导致养老金严重缩水。过去十几年，如果用全国社保基金理事会的投资收益率作为衡量基准，这种缩水是惊人的。

二是资金运用低效，导致财政转移支付激励不足。一方面，全国一半地区收不抵支，需要财政转移支付；另一方面，少数几个沿海省份每年基金盈余较多，这部分积累资金又只能享受较低的利率，造成宏观资金运用效率低下。

在微观效率方面：

一是制度收入激励不足。当前社保的费率、费基等很多参数远低于目标。以费基为例，假设你收入 5000 元，但实际费基可能只有

3000 元，这与住房公积金形成鲜明对比。住房公积金的费基达到正常费基的 100%，且逐年增加，而养老保险的费基大约只有目标费基的 70%。在费率方面，我国名义费率在全世界有养老保险制度的 180 多个国家中，大概排在十几名的位置，但这只是名义费率。而且，很多地区和省份甚至公开降低费率，原因是由于投资收益率太低，如果基金收入太多导致规模太大，损失也越大，因此只能人为地压低每年的缴费收入，这样才能减少缩水。

很多地区和省份甚至公开降低费率，原因是由于投资收益率太低，如果基金收入太多导致规模太大，损失也越大，因此只能人为地压低每年的缴费收入，这样才能减少缩水。

二是养老保险做实个人账户的积极性严重缺乏，导致其长期空转。个人、企业、地方政府和中央政府四方做实账户的激励机制都严重不足。其原因在于，从职工个人来看，占工资 8% 的个人账户只享受 2% ~3% 的活期利息，如果用这部分钱去理财，收益率不会这么低；从企业角度看，做不做实账户与企业没有什么关系。从地方政府来看，如果中央不给钱，地方好不容易找钱来做实账户的目的是什么？是为了放在银行里睡觉？说不通。对中央政府来讲，情况稍微复杂一些，对负责财政的管家来讲，如此低效地去用钱，显然没有积极性，普通老百姓都知道理财，难道每年拿出那么多真金白银去做实账户，然后放在账户里贬值？对负责做实账户的主管部门来说，反正是中央文件说的让做实，只要有人给钱，凭什么不去做实呢？拿到钱了、账户做实了，不就落实中央政策了吗？至于能不能提高收益率，那就不关我的事了。

虽然空账不影响当期养老金的支付，但是它会导致制度长期不能定性、定型，严重影响政府和制度的公信力。

虽然空账不影响当期养老金的支付，但是它会导致制度长期不能定性、定型，严重影响政府和制度的公信力。

社保制度两大类问题产生的原因及解决办法

从改革原则上讲，公平性和效率性的权衡，始终是制度设计需要解决的根本性问题。我国养老保险统账结合的设计初衷是好的，但执行起来却并不是那么回事。个人账户的引入是不成功的，实行完全的实账积累制，理想是好的，与现实是有巨大差距的。再看社会统筹部分，现收现付制与二元结构存在严重冲突，因为中国发达和不发达地区之间的差距太大，从信息经济学上解释，就是非精算中性制度下只能实行层次很低的统筹层次，因此，道德风险就加大，进而导致逆向选择，最终的结果就是制度长期低效。正是由于统筹层次低下，难以提高，中央政府和地方政府都不愿意实实在在地提高，因而进一步加大了道德风险，由此形成恶性循环。

正是由于统筹层次低下，难以提高，中央政府和地方政府都不愿意实实在在地提高，因而进一步加大了道德风险，由此形成恶性循环。

要解决这个问题，实行 NDC（名义账户制）是一个办法。这个办法可以实现一个重要目标：多缴多得，少缴少得。这样一来，养老保险覆盖面可以立刻扩大，公平可以实现了，效率也提高了，缴费收入可以迅速实在起来，可以避免很大损失。就是说，要在制度设计中引入精算中性因素，这样才能重新构建和改善统账结合的社保制度。

分类延迟退休须警惕寻租空间

傅蔚冈

核心提示

分类实施延迟退休是个好方案，但可能会造成劳动者与雇主之间的博弈，也给权力部门提供了寻租空间，需要充分警惕。

“研究制定渐进式延迟退休年龄政策”写入《中共中央关于全面深化改革若干重大问题的决定》不久，就有媒体传出公务员将首先延迟退休的消息。尽管之后有人力资源和社会保障部官员开始辟谣，但这种传闻还是让公众惴惴不安。

必须指出的是，笼统地说公务员延迟退休并不确切。按照清华大学就业与社会保障研究中心主任杨燕绥接受媒体采访时的表示，应是“分类实施退休”：公务员按照统一规定退休，事业单位先行推迟，残疾人按照伤残程度随时退养，重新核定艰苦岗位，统一规定提前退休年限。

为什么要分类实施退休？按照这些专家的解释，一个重要原因是不同工作岗位对劳动者的身体有着不一样的需求：有些岗位需要劳动者有着更为强健的体魄，劳动者一过60岁就可能不适应工作岗位，因此需要60岁就退休；但是另外一些岗位可能是与从业者的就业经验紧密相关，而与其体力没有多大关系，延迟退休既可以避免人力资源浪费，同时也可以缓解养老金危机。也正是基于这样的考虑，专家才会提出这样的设想。

傅蔚冈
知名学者，上海金融与法律研究院执行院长。

不能说这样的分析没有道理，因为它充分考虑到了劳动者本身与岗位的匹配程度，能够提供更为周全的退休方案。不过也正是因为这样的方案太过于完美，才显得其不太容易实施，因为分类退休的基础，是要确定劳动者为“体力劳动者还是脑力劳动者”，但是各种岗位真的存在一个简单的体力劳动和脑力劳动的区分吗？退一步说，即便存在着这种区分，那么该由谁来定？用人单位、劳动者个人还是人力资源和社会保障部？

不妨来看这样一个例子。张三在 A 公司上班，该公司不仅有适合体力劳动者的工作岗位，同时还有脑力劳动者的岗位。张三在 A 公司工作了 30 年，今年已经 59 岁，其中有近 28 年的时间是在公司一线从事体力活，后来 2 年因为工作原因而被换到另外一个工作岗位，而这个岗位不需要太多的体力。那么，在实施“分类延迟退休”方案后，张三是属于按时退休还是延迟退休？如果张三想推迟退休，那当然想要那个脑力劳动者的岗位；如果张三想 60 岁就退休，那么他更在意体力劳动者的身份。

事实上，要不要退休的决定权可能不在张三本人，A 公司也会有自己的利益考量：如果张三的劳动技能很好、经验又很丰富，他们倾向于让张三多干几年；如果张三并不是他们认为合适的人选，只是因为无固定期限合同而没法辞退，那么最好的办法就是让他早点退休，这样公司也就不需要给他支付薪资。

于是，这样一个本来很简单的退休问题就会因为“分类实施退休方案”产生多种选择，而各种不同的选择背后，可能会引发诸多道德风险，那么，张三到底是体力劳动者还是脑力劳动者？其最后判定可能不是与他的工作岗位有关，而是和他想不想早点退休有关，也和公司对他的意见有关：这样一个本来很简单的退休问题到最后就会变成多方博弈，而且后果不可预测。

> 分类实施退休方案可产生多种选择，而各种不同的选择背后，可能会引发诸多道德风险，机构或个人或可以借此获得更多的寻租空间。也正因如此，世界各国几乎都没有这样的分类退休制度。

如果实施分类退休年龄只和劳动者岗位有关倒也就罢了，但问题不会这么简单，因为养老金危机是由政府引起的，因此如何划定“体力劳动”和“脑力劳动”就不只是劳动者和其所在单位两者之间的事，同时还和当下政府的养老金储备有关，因此控制体力劳动岗位的数量就显得很有必要。一个可以想象的场景是政府必然会对各种岗位的工作性质进行认定，而且还会每年认定一次，就像目前的养老缴费基数一样。政府之所以这么认定，美其名曰是为了更好地划定工作岗位性质，保护劳动者利益，但更可能的原因是和当期养老金的储备有关：如果现在养老资金充裕，那么就会增加体力劳动岗位配额；如果养老资金紧张，那么就会削减相关岗位而增加脑力劳动岗位。

可想而知，在实施分类退休制度后，不仅会出现劳动者和企业的道德风险，同时还给相关政府部门提供了寻租空间。这种本来为了保护劳动者利益而制定的制度，最后可能出现的结果是，既不保护劳动者权益，也与养老金的空缺数额无关，最大受益者可能就是实施岗位分类的机构和个人，他们可以借此获得更多的寻租空间。

之所以无法用体力劳动或是脑力劳动给劳动者贴上标签，原因就在于一个劳动者在一生中可能会遇到多种岗位。如果非要贴上一个标签，那么就不得不借助公权力或者是第三方机构，但是任何第三方机构的介入都会产生各种各样的寻租空间，道德风险也会随之出现，这样一来，本来很简单的退休就会变得复杂。也正是如此，世界各国几乎都没有这样的分类退休制度。

中国的退休制度之所以饱受诟病，很重要的一个原因是双轨制的退休设计过于照顾公务员和事业单位员工利益。如果真的要对退休制度和养老金体系进行改革，那么当务之急就是要把双轨变为一轨，或者尽可能减少两轨之间的差距，而不是在这两轨之外再多出轨道。一个可供借鉴的对比是：此前为了照顾女性利益而产生的退休年龄差距已经让一部分女性产生不满。如果今后再产生“脑力劳动”和“体力劳动”这样的不同轨道，不知道还会因此而生出多少幺蛾子？

中国的退休制度之所以饱受诟病，很重要的一个原因是双轨制的退休设计过于照顾公务员和事业单位员工利益。

名家观点 | Experts' viewpoints

叶　檀　知名财经评论家、财经专栏作家

应在自愿基础上决定退休年龄

在未来退休年龄与养老政策制定上，应更多考虑个人在自愿的基础上决定退休年龄，可以50岁退休，也可以70岁退休。但退休年龄与缴纳的经费、与替代率挂钩，多缴多得。有钱者、无意继续工作者可以选择提早退休。至于缺口部分，根据三中全会精神，到2020年，国企红利上缴比例将提至30%，可更多用于保障和改善民生。在此之前，央企上缴比例分为五类，最高比例是20%，最低是不上缴。国企红利将可以弥补一部分养老缺口。

厘清激励机制，政府建立公平体制，每个人自主选择。一旦选择，就再也别抱怨：我吃亏了。市场经济，公开透明，每个人都得遵守游戏规则。

刘洪波　著名专栏作家

终结双轨制不能太迟疑

在退休制度改革中，人们更加关注的是退休双轨制，就像医改中人们更加关注的双轨制问题一样。渐进实现延迟退休，对早已经根据国家政策做了退休后生活安排的人，影响将会减少，新参加工作的人，会根据新的政策去安排其人生计划。但即使如此，延迟退休对部分人是有利的，例如公务员尤其是掌握权力的人，但对很多普通工人来说，延迟退休将使其支取养老金的时间推后，他们不能从延长劳动年限中得到任何利益。更重要的是，即使同样延迟了退休年龄，退休后获得的养老保障并不公平，公务员在享受退休工资，普通人则支取养老费，两者之间的差别是巨大的。

经过数十年的改革，人们对公平越来越敏感。延迟退休是不得不接受的结果，但问题是普通人并不只是“跟自己比”是否影响巨大，而是跟别人比是否有相对公平的退休待遇。如果不能消除退休的双轨制，即使渐进式延迟退休也将难以减缓社会矛盾。延迟退休已经不可逆转，退休双轨制也必须终结，否则会形成“改谁的革”的疑问，那么破除利益藩篱就可能成为一句空话了。

普通人并不只是“跟自己比”是否影响巨大，而是跟别人比是否有相对公平的退休待遇。如果不能消除退休的双轨制，即使渐进式延迟退休也将难以减缓社会矛盾。

毛承之　经济学者

解决好就业、养老、健康三大难题

中央决定研究制定渐进式延迟退休年龄政策，首先要解决好就业难、养老难以及健康难这三大难题。其次要不断提高国民待遇，提高国民收入，无论是在岗还是延迟退休，政府都要保证每个国民享有平等待遇。再次是要加强市场监管、督查以及制定科学的追责问责制度，做到有备无患，保证每个国民的身心利益不受损失。就目前而言，要查一查多少人提前退了休，要查一查有多少企业没有为员工办理社保养老，要查一查在岗待遇与退休待遇相差有多大，这些问题如何解决好、落实好、弥补好，让老百姓心安，让老百姓满意。

更为重要的是，要实现“渐进式延迟退休”博弈双赢，一定要加大统筹力度，进行统一双轨制养老制度改革；一定要加快经济增长方式转变；一定要全面深化收入制度改革，落实在岗以及退休职工的各项福利待遇，实现居民收入倍增，使将来社会更加和谐、更加富裕、更加优美。

肖　磊　财经专栏作家

延迟退休年龄　须看发展状况

关于未来中国能否具备延迟退休年龄的条件，具体还需要看中国的发展状况。像美国这样在社会保障系统领先中国半个世纪的国家，用15年的时间才能将退休年龄延迟2岁。德国刚刚才启动计划，打算用18年的时间将退休年龄延迟2岁。我们国家还处在发展中国家行列，还处在健全社会保障体系的阶段，与福利社会的标准相差甚远，至少20年内根本不具备研究削减养老金和延迟退休年龄等的条件。

让一切变好、一切政策顺利推进的所有前提是，我们每一个中国人，都要拥有相信和推动社会不断进步的愿望和行动；国家政策层面要能够保证和促进年轻人尽早地参与到市场竞争和社会建设当中。要始终牢记，因失业“破坏”掉的一个年轻人，远比一个愤怒的老人给社会带来的破坏力要大；反之，年轻人的贡献也会更大，而且潜力是无限的。

因失业“破坏”掉的一个年轻人，远比一个愤怒的老人给社会带来的破坏力要大。

寇江泽　人民日报记者

延迟退休不妨温和推进

延迟退休，不妨设置一定的缓冲期。在延迟退休政策制定公布后，可以再准备几年，然后才正式实施。社会上有不少人，对延迟退休的心理准备还不足，消费储蓄计划也还没有跟上。设个缓冲时间，留个过渡期限，能让老百姓有一个接受和适应的过程。

延迟退休，不妨温和、有步骤地推进。这也是《决定》传递出的精神，“渐进式延迟退休年龄”的关键是把握好政策的节奏，不搞一步到位，以减小政策调整对社会带来的影响。渐进式延迟退休，也是许多国家通行的做法。

延迟退休还应当针对不同人群，灵活制定政策，不搞“一刀切”。对于部分行业或人群，如制造业、服务业的蓝领阶层、体力劳动者，假如延迟退休，他们很难适应，可给其选择空间，不作强制性规定；而对于一些“越老越吃香”的专业技术领域从业者，可以适当延迟退休年龄，比如医生、教师、科研人员等。至于两者之间的人群，可以建立激励机制，延迟退休后，养老金多缴多得。

老人跌倒，两难的援手

03

KEEPING THE MINUTES OF CHINA WITH THOUGHTS

主题

石述思　一个老太与三个孩子的 PK

公方彬　“讹人”事件折射道德危机

风青杨　让老人倒地人人敢扶

延伸

李劭强　不必因个案产生道德恐慌

杨耕身　警惕舆论对老人群体的规模化声讨

才让多吉　“扶不起”与“医不起”

名家观点

秦　平　丁金坤　张千帆　堂吉伟德

戎国强　莫纪宏　钱夙伟

主题 | Key Articles

一个老太与三个孩子的 PK

石述思

核心提示

本属道德范畴的善举再次麻烦法治作出裁决。恰恰说明道德已危如累卵，而法治作为人类公平正义最后防线，只能完成对恶的惩处，却无力完成善的托举。当下社会不缺乏惩戒恶人的制度和民意，却缺乏恶人悔罪的土壤，缺乏避免更多人沦为恶人的环境。

这场 PK 事关整个社会的良知和正义。参与者之众，情绪之热烈饱满，既说明对良知、正义渴望之深切，也说明其匮乏之严重。所有的欢呼和谴责者在现实生活中或许没几个有勇气当街扶起老人。

老人之所以受尊敬，不仅因为年长，更由于岁月磨砺带来的心智成熟和内在良善。

孩子之所以受关爱，不仅因为年幼，更由于涉世不深带来的天真无邪和人性纯洁。

一次意外，将一个老太和三个孩子的命运捆绑在一起。

在媒体笔下，老人如恶魔附体，孩子因纯良受惊。

事件一波三折：四川达州蒋姓老太在小区意外跌倒，三个小学生冒险搀扶，不料被老太诬陷为推倒自己的元凶，后多名围观者作证，证实老太确属自己不慎跌倒，最终达州市公安局达川区分局对蒋某某给予行政拘留 7 日的处罚（因蒋某某年满 70 周岁，依法决定不予执行），同时对龚某某给予行政拘留 10 日、并处罚款 500 元的处罚。

网上一片欢呼之声，为正义得到伸张激动不已。

石述思
著名媒体人，评论人。

其实，这注定是一个彻头彻尾的悲剧。

蒋老太以耄耋之身，为老不尊，化身灭绝师太，对脆弱道德完成致命一击，而且此类事件已经屡屡发生，严重挑战人性底线，背后成因耐人寻味。

令人战栗的是，有其母必有其子，在她培养下，其子决心将讹诈进行到底，甚至不惜进班房，自私冷漠颇有代代相传的意味。

三个备受惊吓的孩子在法治的护佑下，终于讨回公道，尽管声称以后还会搀扶跌倒老人，但这次磨难估计会增添一些自我保护的经验，不再冲动地完成善举。

当代国人聪明过头，发明了见义智为一词，但结合当下道德沦丧现实，遇到不明身份陌生人有难，如果开动脑筋，认真思考，多数必选择明哲保身。

古人发明见义勇为不是愚蠢鲁莽，而是证明危急时刻行善是基于人性的良知，不假思索，扶危济困。

遗憾的是，这次本属道德范畴的善举再次麻烦法治作出裁决。恰恰说明道德已危如累卵，而法治作为人类公平正义最后防线，只能完成对恶的惩处，却无力完成善的托举。

如果所有的道德命题都交付给法治处置，则社会无法支付其高昂的成本。在三个孩子怒讨公道的过程中，惊动了多名证人，多名警察，多家媒体和千万网友，形成了完整的证据链条和强大的监督合力，方挽狂澜于既倒。恕我直言，不是所有的搀扶老人被诬者都有如此的幸运。

> 如果所有的道德命题都交付给法治处置,则社会无法支付其高昂的成本。

仅仅靠完善立法，加大对讹诈者惩罚的力度固然必要，却很难从根本上唤醒扭曲病态的心灵。一味地在道德范畴强调法治，发展下去，只会形成以毒攻毒、以恶治恶的恐怖循环。

面对千夫所指，蒋老太一家拒不忏悔，老人仍坚称自己是被小孩撞倒的，她觉得自己被冤枉，甚至赌咒：“如果我说了假话骗人，我全家死绝。”面对公安机关的处理决定，老人一家表示不服，将申请复议。这充分证明依法严惩并未起到“治病救人”的作用，毕竟，在一个正常的社会，对有道德瑕疵的同类不是将其送进地狱，而是帮助其重返人间。

更重要的是，蒋老太无视警方严惩，继续负隅顽抗，除深陷道德困境之外，也有深层社会诱因：比如全民价值沦丧的潜移默化，社保不健全压迫人性以及民众之间的信任缺失与互害蔓延。更有“不是老人变坏，而是坏人变老”的深层历史文化渊源。

需要向三个好儿童致敬。但更需要蒋老太一家向社会真挚道歉——假如她率领全家进行了令人发指的讹诈。

无忏悔则无饶恕，无饶恕则无救赎。

金刚怒目的前提是菩萨低眉。法治的精神不是惩罚而是预防犯罪。宽恕和自省却有赖于每个人释放对彼此的信任和善意。

当下社会不缺乏惩戒恶人的制度和民意，却缺乏恶人悔罪的土壤，缺乏避免更多人沦为恶人的环境——即使很多人面对别人的素质低下、道德沦丧不断发出正义的吼声，这不意味着他们今后遇到别人身处危难，可以义无反顾地伸出援手。

当下社会不缺乏惩戒恶人的制度和民意，却缺乏恶人悔罪的土壤，缺乏避免更多人沦为恶人的环境——即使很多人面对别人的素质低下、道德沦丧不断发出正义的吼声，这不意味着他们今后遇到别人身处危难，可以义无反顾地伸出援手。

改善教育、健全社保，完善价值、重建信仰，无比迫切，但前路漫漫。

“讹人”事件折射道德危机

公方彬

核心提示

社会道德危机是真相还是舆论幻象？把老人“讹人”普遍化是否能作为自己不敢担当的精神解脱途径？假如真有这样的危机，谁来拯救我们的灵魂和道德，谁来让我们的精神世界再度充实？

公方彬

国防大学军队政治工作教研室副主任、教授，出版著作《觉悟中国》《精神中国》《价值中国》和《决策中国》等。

近来，四川老太“讹人”事件持续发酵。一篇“四川摔倒‘讹人’老太申请复议，赌咒全家死坚称清白”的报道，让新浪、搜狐网友参与高达6位数。看一下网友跟帖，几乎一面倒，尽管此篇报道不似以往报道那样有明显倾向。为什么人们如此一致地认定是老太“讹人”？有“许多目击证人”，并且“主动作证”是关键，其实还有许多原因，其中两点更为重要。

一是先入为主的道德印象和道德判断。

近年来媒体一再爆出老人“讹人”的案例，以至于人们形成一种强烈印象，凡摔倒的老人都有“讹人”嫌疑，只要扶摔倒老人，注定被“讹上”。尤其当年南京的法官判案，结果把这种判断和认定标签化。我们甚至说，把老人“讹人”普遍化，已经成为我们社会掩饰道德危机的口实，成为我们不敢担当的精神解脱途径。实际上社会绝非如此，更多老人对帮助者是心存感激的，更多人是愿意搀扶摔倒老人的。笔者有一次在重庆旅游，身边一妇女癫痫病发作倒地，头上流出许多血，当即有许多陌生人上来帮助，没有些许迟疑，也没有人担心被“讹上”。所以，在这个问题上，我们的媒体确实在做着“狗咬人不是新闻，人咬狗才是新闻”的倾向；我们的大众在面对此类事件时，确实存在着丧失理智和基本判断力的问题，甚至潜意识中就是想寻找值得抨击的道德事件，以获得对社会道德现状不满的发泄机会。

二是由记者以道德的名义作出道德评判，把事件标签化，如此必形成导向。

把老人“讹人”普遍化，已经成为我们社会掩饰道德危机的口实，成为我们不敢担当的精神解脱途径。

此前的报道主要围绕孩子一方及其邻里开展新闻调查。因为媒体报道带有倾向性，尽管不是有意，毕竟先入为主，因而必然形成一面倒的结果。这一点我们完全可以从司法调解与警察处罚中看出。如果没有更有力的证据，真相到此结束，各方面都在追求这样的结果。因为司法调解追求的是“大事化小，小事化了”，警察在没有记者调查之外的事实基础，作出处罚决定，或许存在着避免重蹈南京法官覆辙的顾虑。或者可以这样说，当代中国，社会舆论作出道德审判，可在一定程度上左右司法，甚至决定结局。因为我们是一个喜欢以道德的名义的国度。

原因还可以开列一些，但已经不再重要，甚至可以说，是否“讹人”同样不再重要。因为此事过了还有彼事，未来还会有相同或相近的事情发生，是是非非是没有穷尽的。我们关注此事的原因，是其背后隐含着最重要、甚至最可怕的担忧，这就是道德准则丧失，是我们内心深处的、非他人施加的道德准则荡然，面对现实，我们只需要推卸，而不必承担。

导致这种情况出现主要有两方面原因。

一是历史原因。比如，当我们决定进行革命后，一切就不再神圣，一切都可以打破，包括千年积淀下来的道德意识和道德准则，尤其是内心的道德自律。

二是现实原因。有人说我们的社会已经和正在进行一次次扫荡，直到把我们灵魂世界残存的一点点圣洁与道德观念彻底打破。

比如，原本我们对院士这个群体和称号心存敬仰，毕竟他们身披圣袍，且站在最高尚的科学殿堂。然而，从曝光的铁道部张曙光的案件中得知，这位腐败局长为了实现自己的院士梦，竟用数千万元行贿院士，结果以一票之差失之交臂。包括张曙光本人都认为自己道德低下，净干违法之事，但金钱却让院士们对其青睐有加。仅此一点，便把那心中对院士们的神圣感击个粉碎。

广州某报“本报虽小，还有几根穷骨头”的声明，一时间确让人感受到媒体和记者的担当，尤其因担当而来的悲壮感让人动容。话音未落，拘留所中的始作俑者陈永洲就道出受贿内幕，于是人们不仅仅产生受骗之感，更为发现企业、媒体、警察间上演了一个滑稽剧，其实一地鸡毛。

我们也想借助宗教来约束恶念和恶行。可是我们的本土宗教与外来宗教，都因为传统文化中有着强烈的功利主义而被改造，终于不再追寻本体，只是在现世和现实功利世界叠加一层，结果恶没有遏制，更大的贪欲生长出来。

原本我们对高级领导干部心存敬意，因为他们总在教育人们要有信仰，讲道德，并且每每都是慷慨陈词，在他们的激昂调门中，常常让人产生瞬间的感动。然而，一个个刘志军、刘铁男出现，光环消失后原来也是一肚子男盗女娼，而不是台上的说辞，这也难免不让人失望，由此影响着精神大厦和道德价值坐标。

我们的灵魂似乎有一种被抽走的感觉，同时出现绝对价值丧失的精神恐惧。我们开始怀疑，自己会不会成为一具抽空精神的皮囊？假如真有这样的危机，谁来拯救我们的灵魂和道德，谁来让我们的精神世界再度充实？谁又能让我们在没有外力的情况下，仍然能够作出道德选择、道德承担，进而让我们在承担中实现自我净化，实现心灵的宁静。

我们经常讲，西方人的道德奠基于基督教的“原罪”，因为原罪而让信奉者不再需要外部的约束，而自己努力去消除原罪，于是产生稳定而又执著的道德行为。于是我们也想借助宗教来约束恶念和恶行。可是我们的本土宗教与外来宗教，都因为传统文化中有着强烈的功利主义而被改造，终于不再追寻本体，只是在现世和现实功利世界叠加一层，结果恶没有遏制，更大的贪欲生长出来。这种情况下，我们只能寄希望于政治信仰的引领，比如建立共产主义、社会主义的道德价值观，这本来也是一种选择，问题在于我们看到了许多被异化了的道德典范，即冲着道德回报而来：我做好事，你宣传我，然后再予以物质奖励甚至是“官帽”，如此下来，道德开始走向非道德、伪道德。笔者到西方国家访问，问及荣誉奖励是否辅以物质奖励，他们大惑不解：“荣誉就是荣誉，为什么还要给予物质奖励?!”然而我们却把荣誉和物质捆绑在一起。

从以上看，我们不能不提出一个现实而又重大的命题，在特有文化传统、政治生态、社会状态的当下中国，我们该确立一种什么样的道德价值系统，同时又该借助何种载体，通过何种途径来实现道德价值坐标的建构，这已经是无法回避、更无法绕过的国家难题。

在特有文化传统、政治生态、社会状态的当下中国，我们该确立一种什么样的道德价值系统，同时又该借助何种载体，通过何种途径来实现道德价值坐标的建构，这已经是无法回避、更无法绕过的国家难题。

让老人倒地人人敢扶

风青杨

核心提示

处理者“和稀泥”让讹诈成为一件包赚不赔的生意，而见义勇为的风险反而过高。建立一个扬善抑恶的机制，才能扭转这一恶性循环。

近日，金华市一非机动车道上，一位八旬老人突然脸朝下摔倒在地，伤势不明。围观的人你看看我，我看看你，谁都不敢去扶，老人街头倒地五六分钟，市民却围成一圈很有默契等警察。两个原本不相识的边走边聊，一声叹息：“真心是不敢去扶啊……”

老人街头倒地为何无一人敢扶?

这又是一起“老人摔倒，无人敢扶”的新闻，曾经轰动一时的彭宇案、许云鹤案后，加上近期发生的“四川讹人老太”等新闻，对于老人摔倒的现象，中国人的神经已经越绷越紧了。近几年出现过老人晕倒在马路上几个小时无人敢扶，老太脖子卡在栅栏里无人敢救最终活活卡死等新闻。这也许是司法对于之前个案的判决让大众寒了心！遇到老人跌倒，你扶？还是不扶？不扶，没良心；扶了，怕反咬。这问题让人有些无奈，有些愤怒，也有些悲凉。

风青杨
中国知名时事评论家，品牌营销学者。

很多人将目前人们的普遍冷漠指向2007年的南京“彭宇案”是不无道理的。至少，法官的判决是明显侮辱国民智商的。当时南京小伙彭宇好心扶起在公交站摔倒的徐寿兰老太，却被徐老太及其家人反诬为是撞倒徐的人。尽管有目击证人证明事实，但南京鼓楼区法院却按“你不误伤她，就不会送她上医院”的逻辑判处彭宇4万余元的赔偿。本来，一个人想做好事，愿意承担的成本无非是耽误几分钟，帮忙打个电话等等。但考虑到彭宇案、许云鹤案的判决结果，许多人索性就事不关己，高高挂起。

这个判决引发的后果是，70多岁老汉摔倒了，但是没有人敢把他扶起来，以至于他躺在那儿大叫：“我自己摔倒的不关你们的事。”如今的人们见到老人跌倒在街上，除非跌倒者先高呼声明“自己跌倒”，否则不管老人“口吐白沫”或“头破血流”，很多人见状却不敢解救。可见，肇事的或围观的怕被讹诈，受害的怕无人负责，这两种心态相辅相成，共同制造了悲剧。

看到摔倒的老人我们只能选择围观吗?

英国哲学家培根曾经说过：“一次不公正的审判，比十次犯罪所造成的危害尤烈，因为犯罪不过弄脏了水流，而不公平的审判则败坏了水的源头。”为何类似的事件总是上演？道德滑坡是一方面，现实中，摔倒者讹诈屡屡得逞，“收益大于付出”也为后来者提供了学习的“样板”。一般情况下，发生类似的事情后，往往是摔倒者占据了道德高地，扶人者得自证清白，而事情的处理者出于社会影响等各种因素的考量，只会抱着息事宁人的态度，各打三十板，大事化小，小事化了。即便是讹诈者被揭穿后也每每以自己一时糊涂，或者认错了人一笔带过，一句轻飘飘的道歉了事，没有任何的惩治措施。

> 一次不公正的审判，比十次犯罪所造成的危害尤烈，因为犯罪不过弄脏了水流，而不公平的审判则败坏了水的源头。

这导致如今搀扶摔倒老人之风险，成了社会的一大心病。其实公众谁也不想绝情到见老人摔倒不去搀扶的地步，因为家家都有老人，人人都有老时，谁都需要他人的扶助，今天的旁观者或许就是明天的当事人。但上前搀扶了又要承担被讹诈的风险，摔倒的老人如果不“拉住”救助人有可能得不到经济补偿，加之相关案例的负面影响，这让人们经常会面临同样的困惑：该不该帮助陷入困境中的人，自己是否会陷入更大的麻烦，甚至于是官司之中?

道德丧失逼走好人，在无社会正义体制的保障之下，见义勇为的成本之高，也难怪看客的冷漠。一个好的机制是能“扬善抑恶”，而且可以调节、约束人们的行为，引导、鼓励人们见义勇为，托举向善的力量。遗憾的是，在很多时候，都缺乏明确的制度规定。甚至在某些时候，我们的机制起到了“扬恶抑善”的作用，成为冷漠的催化剂。行善者要付出高昂的代价，行恶得不到应有的惩治，恶性循环的现实，不断地扭曲和异化着人们的道德观念，岂不叫英雄流血又流泪哉！

道德丧失逼走好人,在无社会正义体制的保障之下,见义勇为的成本之高,也难怪看客的冷漠。

怎样避免摔倒的老人没人扶?

正因如此，当一个人行善时，如果有完善的法律体系作支撑，行善者不仅会得到社会的赞赏与肯定，得到精神上的慰藉与满足，也会受到法律的保护，少些后顾之忧。与之对应的，对那些“讹人”者的恶行如果及时被查处、打击，自然也是一种震慑，会让那些人思考自己行为的后果和将付出的代价。

引导人们走出“老人街头倒地无人敢扶”的窘境，最重要的做法之一是要让那些心地不良的被救助者付出肆意诬陷救助者的代价。

首先，“谁主张，谁举证”的法律原则必须遵循。甚至，可以针对那些反诬救助者的被救助者设定一条“诬陷讹诈罪”，以惩治其恶行。

对那些恶意讹诈、蓄意谋财、触犯国法的说谎者，应该用法律的武器依法打击。该行政处罚的行政处罚，该追究刑事责任的追究刑事责任，当然，在实践操作中，应该考虑到摔倒者的年龄因素和承受能力，视具体情况给予应有处罚，而不是“和稀泥”，不讲证据，忽略事情的真相，把事情压下去就万事大吉。

其次，在建立健全相关法规方面，应借鉴国外相关做法，如美国有保护对伤病者施以援助的人的《好撒玛利亚人法律》，美国加州于2009 年实施了旨在保护好心助人者的《好心人免责条例》，这些鼓励人们积极行善的法律，都应对我们弥补相应的法律空白有所启示。

延伸 | Extended readings

不必因个案产生道德恐慌

李劭强

核心提示

个案再反常也是个案，不该成为推翻道德常识的依据。

9 岁娃娃搀扶老人，却被老人称被娃娃撞倒，并要求赔偿医药费。事件拉锯 5 个多月，公安机关给予处罚定论后，老人一家申请复议。

真相需要不断地接近。对于“讹人”老妇不满处罚的态度，实在不必过于敏感：事情到底怎样，可以再调查，而且老人有权利去申请复议，她的权利依然应该得到保证。

而就算事情真相搞清楚了，两种情绪化的反应也可能随之产生。一种是个案影响认知。比如，因为个案的报道，认为人与人之间的关系是紧张的，在街头扶老太太是一件高风险的事。事实是，这样的事情只是个案，乐于助人的行为并不少，那些懂得感恩的老人也不少，不能因为个案，就认为乐于助人是一种得不偿失的冒险。如果是这样，个案就不是引起警示，而是引起恐慌。

另一种是，对个案选择性解读，拿个案来印证自己的片面想法。一些个案的出现支持了一种片面观点——好人是不能做的。于是，在这种片面的观点中，放弃了社会人的道德感和自觉性，甚至在没有任何风险的情况下也拒绝伸出援手。通过个案，找到了一个逃避责任，回避道德的理由。

其实，一个个案再反常也是个案。此时一些基本的常识更需要

李劭强
社会文化评论员。

坚守。

首先，任何个案讨论都应该以事实为基础。更多时候，细节真实可以得到保证，但整体真实却不够清晰，人们容易以偏概全，陷入个案的冲击中。这种事实上的缺失，容易造成思维的狭隘，容易让人们在判断时作出有偏差、有偏见的结论。

其次，任何个案都不该成为推翻道德常识的依据。这些常识可能在现实中遇到挑战，可能在个案中被颠覆，但常识的稳定性和确定性是必须得到承认的。须肯定常识的有效，号召人们以实际行动去坚持、捍卫常识。而不是兀自感叹世风日下，人心不古，并习惯于袖手旁观，毫不作为。

任何个案都不该成为推翻道德常识的依据。这些常识可能在现实中遇到挑战，可能在个案中被颠覆，但常识的稳定性和确定性是必须得到承认的。

作为个案，“讹人”事件之所以被如此关注，是因为该事件背后道德生态的堪忧。但即便如此，那些基本的常识也应被坚守：乐于助人的品格必须得到坚持。如此，在面对个案时，人们才能心平气和地讨论，而不是在个案的冲击中，丧失判断事情的理性。

警惕舆论对老人群体的规模化声讨

杨耕身

核心提示

不论是“老人变坏”说还是“坏人变老”说，都是对老人群体的傲慢与偏见。老人并非不可批评，坏人也的确会变老，但如果用以偏概全的观点来发动对于老人群体的规模化声讨，并由此派生出对老人生存状态的隔膜，进而形成全社会对老人“避之唯恐不及”的氛围，我们却必须警惕。

近期，针对达州蒋婆婆摔伤“讹人”事件，公众舆论一再将声讨的矛头指向这个社会的老年群体，并创造性地喊出一句“不是老人变坏了，而是坏人变老了”的流行话语，这真是一件让人难以接受的事情。此次曝出的达州“讹人老太”事件似乎又为“为老不尊”以及“不是老人变坏而是坏人变老”提供新的佐证。

对于事件本身来说，我相信至少有人能够明白，尽管警方已有调查处理，但也许并不是最后的真相。然而在警方做出初步判断之后，蒋婆婆所申请的行政复议尚未有结论之前，不少人就一下站到了老人的对立面，并冠之以“讹人老太”的名头，在公共空间大谈“为老不尊”的话题。我并不认为警方调查不足为凭，但我们也实在应当警惕舆论场中常有的轻率与裹胁，对于公众舆论来说，以什么立场来报道或解读此事，更是一件需要慎之又慎的事情。

当然我同样不排除警方结论正是真相所在之可能。但即便真是如此，我到底也不能接受“不是老人变坏，而是坏人变老”的流行说法。在此之前，缘于西安老人公交车内坐女孩身上、唐山老人广场舞扰民以及汕头学生遭老人讹诈等事件，某网站耸人听闻地提出，“大

杨耕身
资深媒体人，知名评论员，现任《潇湘晨报》副总编辑、首席评论员。

江南北，莫不如此，让人疑惑中国老人为何集体变‘坏’了?”以个案作为对一个集体的批判，难免失之为过度解读。何况西安事件后来被证明为假新闻。至于直接将“坏人变老”说成是“很多老人都经历过数次的政治运动，曾经把人性中最恶的部分激发了出来”的原因，更是匪夷所思。一直以来，他们何尝不是“运动”的受害者?

正如被事后证明确有老人诬陷帮忙好人的事情，社会中也不缺乏老人被冲撞受伤后，反被诬赖为自己跌倒的事件，更不乏老人以更大的善意与忍耐来面对外部世界的事例。由此而言，舆论公开指责“坏人变老”，或“老人集体变坏”，是让老人群体和我们这个社会集体寒心的傲慢与偏见。今天的老人们，不仅处于人生暮年，行为能力下降，加之话语权的窄小，社会保障的不充分，已经处于社会最弱势人群的地位，还要受到这种公然的污名与“泼粪”，谁又能说这不是文明社会一种让人痛心的奇观?真希望那些在公共空间里津津乐道于“坏人变老”的人们，可以真正理解“老吾老以及人之老”这句话。

今天的老人们，不仅处于人生暮年,行为能力下降,加之话语权的窄小,社会保障的不充分,已经处于社会最弱势人群的地位,还要受到这种公然的污名与“泼粪”,谁又能说这不是文明社会一种让人痛心的奇观?

老人并非不可批评，坏人也的确会变老，但用以偏概全的观点来发动对于老人群体的规模化声讨，并由此派生出对老人生存状态的隔膜，进而形成社会上对老人“避之唯恐不及”的氛围，我们对此必须警惕。

至于达州蒋婆婆摔伤事件，其真相到底如何，是谁在说谎，到目前为止仍旧不可遽然作出判断。但是无论如何，公众舆论都应该更审慎一些，宽厚一些。

“扶不起”与“医不起”

才让多吉

核心提示

“扶不起”的另一面，是“医不起”。道德拷问的热血冷却之后，是否应该想想：如果有一天，你的健康权得不到保障，你会怎么办？

就四川达州“三小孩扶起摔倒老太婆，反被诬陷索赔”事件，从记者走访蒋婆婆的老家渠县的报道得知，认识她的村民证明“我在村里生活了四五十年，从来没听说过蒋老太有过以摔倒的方式去敲诈别人的行为”。面对扑朔迷离的信息，局外人难辨真伪。

在金钱的社会讨论道德与责任的话题，恰如与虎谋皮。2013 年 9 月 6 日，卫生部发布《老年人跌倒干预技术指南》，指导如何让老人“扶得起”。这“指南”是有意看错病开错方？老人“扶得起”与“扶不起”，和技术无关，与道德人性堕落有联，与医保制度有系。假如摔倒的是一位“官老爷”，无论谁去“扶”也不用担心，因为“官老爷”生疮害病有国家全包，就算他是一个“坏”人，他也没有“坏”的必要。

人“扶得起”与“扶不起”，和技术无关，与道德人性堕落有联，与医保制度有系。

看到网上对四川蒋老太兵戈血肉般的言语绞杀，突然寒心渐起，谩骂声就像一场并不高尚的穷人与穷人的厮杀；就像一场高尚的穷人与穷人的自我救赎。回首 2012 年，媒体人石述思曾感慨：“中国公务员运气就是好得惊人，竟然无人遇到跌倒老人——全是百姓面对救与不救陷入艰难抉择。”

才让多吉
天涯论坛“公益中华”的首席版主，绿丝带公益先锋。

2008 年，北京下岗男子廖丹，无力支付巨额医药费，又要维持患尿毒症妻子的生命，他伪造了公章、医院单据，让妻子“免费”

接受透析。4年之后东窗事发，他涉嫌诈骗医院17万元。2012年12月，法院以诈骗罪判处廖丹有期徒刑3年，缓刑4年，并处罚金3000元。其间，廖丹获得社会各界慈善资助总计超过150万元。

看到这同样心酸的故事，我们应该冷静下来，从被遮蔽的真实后面去理解这一群人的苦衷。对“老太太扶不起”义愤填膺，可以增加我们的道德优越感，对廖丹一往情深，可以满足我们的慈悲心，然而这一切，都不能从根本上解决我们所言的“十三亿人竟扶不起一个跌倒老人”的质疑。健康是每一个人的基本权利，如果有一天，你的健康权得不到保障，你会怎么办？

“三小孩扶起摔倒老太婆，反被诬陷索赔”的事情自然是“金钱之风”吹出的人性之恶。“旧社会把人变成鬼，新社会把鬼变成人”这个经典的论述告诉我们，道德人性和社会有关，如果讨论总是热血沸腾的谴责，就像有意在用道德掩埋事实的真相。当我们的热血冷却于时间之后，一切如旧。老人依然扶不起，我们依然再次经历道德与人性的煎熬。

根据国际研究机构的统计，中国社会医疗总费用占GDP总量的5%左右，排名140多位，属于医疗保障欠缺的国家。而社会医疗保障制度健全的国家占比大多在10%以上，更何况，我们这个微薄的5%左右，其中大部分还被公费医疗者占用。

剥去时间的尘埃，想想这些“医不起”的人，他们并非天生如此之“坏”，他们的悲辛、狡诈与无赖，不是来自命运的传承，而是来自社会的变迁。

> 在中国，做坏人成本很低，做好人成本很高，这让道德工具调整社会行为难上加难，而这些问题的改善，首先应该从制度做起。

我们所谓“扶不起”的另一面，是“医不起”，以及乐崩礼坏的道德崩溃。一切美丽的东西都要有所附丽，谁也没有权利去和整天饿得气息奄奄的同胞讨论道德问题。在中国，做坏人成本很低，做好人成本很高，这让道德工具调整社会行为难上加难，而这些问题的改善，首先应该从制度做起。

名家观点 ▍Experts' viewpoints

秦　平　时事评论人

“真相不重要”之说是和稀泥

事情没那么复杂，谁主张谁举证。小孩的父亲主张孩子没撞老人，并找到了3个证人。现在老人主张自己是被撞倒的，也应该来举证，如果举证不能，自然要承担相应的后果。

但是有媒体却要把问题虚化，提出只要人们坚守道德，真相并不重要。这种说法是在和稀泥。就像只有个案的公正才有司法的公正一样，只有个案的道德胜利才能体现社会整体的道德胜利。人们相信法律是因为法律可以给每个人以公正，人们相信道德也是因为相信善行可以得到褒扬。

丁金坤　上海大邦律师事务所律师

是否应该设讹诈罪?

一般情况下，讹诈财产是民事纠纷，并不涉嫌敲诈勒索罪。

讹诈的本质是诬告求财，是侵权行为，可以通过“谁主张，谁举证”的证据规则，来解决该纠纷。如果诬告者举不出被别人撞的证据，则官司败诉，也用不得刑法追究，符合刑法的谦抑性。但是有的情况下，诬告者纠缠不清，而司法裁判者颟顸糊涂，导致诬告者得逞，如果涉及财产数额巨大，其行为具有严重的社会危害性。是否应将“讹诈罪”立法，有讨论的必要。

张千帆　北京大学法学院教授

正义需要道德法律双管齐下

出现讹诈现象与社会的道德水平有关。

就目前社会而言，整体缺乏信誉和信任，道德的缺失让人们在某些方面很难保护自己。发扬社会的道德正义，需要自觉遵守道德和法律制度保障双管齐下。

一个国家的法律和司法制度，是一个国家道德风尚发展方向规范的强制性保障，也是规范和引导这个国家公民的社会道德基础。讹诈一般都需要通过司法程序才能最终实现其利益，如果制度上、法律上能够对见义勇为、助人为乐等行为予以保护，同时也对讹诈加大处罚力度，将有助于鼓励道德行为、遏制非法冲动。

一个国家的法律和司法制度，是一个国家道德风尚发展方向规范的强制性保障，也是规范和引导这个国家公民的社会道德基础。

堂吉伟德　时事评论人

老人的声音和权利需要正视

在众声共调之下，老人的泪水与赌咒，同样是一种值得倾听的声音，同样是一种需要正视的权利。

既然警方已经作出行政处罚决定，显然是有其理由与根据所在。对于老人来说，赌咒显然是最无效的抗争，法律问题还得用法律方式来解决，以赌咒来获取道义上的同情，显然是走不通。需要关注的有两点：一是警方在调查过程中，受到道德审判的影响，以及在取证上倾向明显；二是道德审判，影响了法律本身的公正，最后让一个人的声音被忽视，权利被伤害。此前的彭宇案可谓前车之鉴。

退一步讲，即使最后事实证明，老人的泪水与赌咒，不过是获取同情的手段，但也不足以成为我们穷追猛打的理由。处理的分歧，法律的争议，不应用道德的标准去审判，这可能会影响事态的走向和事实的公正，不利于对个人最基本权利的保护。若是连基本的法律底线都无法坚守，道德保卫就会成为最大的道德破坏。假若那三个孩子是另一个彭宇，那么今后我们将如何面对曾经赌咒的老人？

不要在事实未清之前就轻易下结论，也不要在问题未明之前，就先入为主。成熟的社会需要的不是道德式的饥渴，而是基本的法律常识与权利意识，没有人可以成为道德狂欢下的承载者，也没有人理应为之付出代价，冷静地等待公正的结果，理性地看待每个人背后的苦衷，才能真正解构人心，看清世态。

成熟的社会需要的不是道德式的饥渴，而是基本的法律常识与权利意识。

戎国强　时事评论人

站出来作证也是社会正能量

几个“达州好人”的大胆仗义的作证举动，在此案调查中，起了关键作用。如果不是三位目击证人的作证，三个小孩就是浑身是嘴也说不清了。摔倒的老人蒋某被她儿子龚某强行送进其中一个孩子家里住下，一家人的正常生活就这样被“绑架”，如果没有这三个证人，这种“绑架”不知要持续到何时。如果他们的顾虑稍稍多一点，比如担心作证可能给自己惹来麻烦，就可能把话咽回去，很多人碰到这种事情，都采取多一事不如少一事的态度。

你不出来作证，我也不出来主持公道，长此以往，社会公德必然下滑，今后当你需要别人帮助时，就没人出来为你说话了——从道理上说确实如此，但对一个特定的人来说，“没人为我说话”这种境遇存在于推理中，是一种可能性；如果作证带来的麻烦就在眼前，多数人会选择不说话。即使良心上过不去，也会找各种理由宽慰自己。这就是大多数人根据现实利益决定自己的行为、而不是根据逻辑推理来作选择的原因。区别在于，有的人会感到选择的两难，内心会感到痛苦，有的人则仍内心坦然。

莫纪宏　中国社会科学院法学所教授

公共组织应是救助主体

在西方一些国家，公民出现人身安全、意外，法律一般不会强加给普通公民以救助的责任，救助是政府、公共服务组织的责任。作为普通公民，在这种情况下，应该把发生的情况及时告诉有关的公共组织，尽到告知的义务。我们总是从善心的角度来要求善举，这不太合理。在一些国家，看到人倒在地上了，人们的善心可以表现在打电话给911，让有关机构过来。他们的法律也要求施救者有专业的许可证，不然救人出了事怎么负责？

钱夙伟 时事评论人

不妨借鉴深圳经验

2013年8月1日正式实施的《深圳特区救助人权益保护规定》，为的是遏制在紧急情况下救助他人反遭诬陷的不良风气。“规定”提出，不论是“被救助人主张其人身损害是由救助人造成的”，还是“被救助人主张救助人在救助过程中未尽合理限度注意义务，加重其人身损害的”，都要提供证据予以证明。没有证据证明或者证据不足以证明其主张的，将依法由被救助人承担不利后果。对于做好事反遭讹诈，加大讹诈的违法成本，深圳的这一立法，实在是势在必行。

Culture | 文 化

主题主编 刘建民

汉字真会衰落吗

高考改革的英汉之争

汉字真会衰落吗

01

KEEPING THE
MINUTES OF CHINA
WITH THOUGHTS

主题 | Key Articles

汉字式微病根儿何在

朱铁志

核心提示

随着电脑的普及，键盘书写以不可遏制之势取代钢笔书写，一种实实在在的危险正在迫近。难道传承无数代的汉字将在我们这代人身上逐渐变成只会认、不会写的简单语言符号？文字背后所承载的文明信息，将在我们这代人身后成为远去的背影？

写好汉字不仅是个人兴趣，更是一份沉重的责任。一个有文化教养的中国人，即便不从事文字工作，也应该下点工夫，把祖国的文字写好。这不仅是我们个人的门面，也是我们祖国的门面。

中央电视台热播的《汉字听写大会》引发全社会普遍关注。一档既不娱乐、也不养眼的科教类节目，何以从专业频道上升到第一频道黄金时间播出？何以受到学生、家长以及社会各阶层的追捧？此番轰动透露怎样的信息，暴露怎样的问题，给我们以何种启示？

《汉字听写大会》这档节目最大的成功，在于它发现了文化式微的病根儿所在，找到了文化振兴的有效抓手。

我们以为，这档节目最大的成功，在于它发现了文化式微的病根儿所在，找到了文化振兴的有效抓手。这样说并非故作惊人之语。

随着电脑的普及，键盘书写以不可遏制之势取代钢笔书写。曾经饱受推崇的书法艺术正在成为小众的爱好，曾被绝大多数人视为门面的一笔好字，正在为电脑打字的“整洁优美”所替代。提笔忘字不仅是学生常犯的错误，甚至连我们这些从事文字工作的编辑，也常常要面对同样的尴尬。一种实实在在的危险正在迫近，难道传承无数代的汉字将在我们这代人身上逐渐变成只会认、不会写的简单语言符

朱铁志
《求是》杂志副总编辑、著名杂文家。

号？文字背后所承载的文明信息，将在我们这代人身后成为远去的背影？

汉字是思想文化的载体。作为表意性质的音节文字，它是世界上使用人口最多且最古老的文字。迄今为止，已有 6000 多年的历史，承载着古往今来的中华文化，潜藏着神秘瑰丽的原始思维，透露出古代先民的原初逻辑。中华文化自有文字记载以来，诸子散文、楚辞汉赋、唐诗宋词、明清小说等无数灿烂辉煌的典籍得以保存，中华文化的血脉正是在汉字的点画之间得以传承，文明的源流正在汉字的书写当中得以弘扬。

中华文化的血脉正是在汉字的点画之间得以传承，文明的源流正在汉字的书写当中得以弘扬。

汉字是历史沿革的载体。从某种意义上说，人类历史就是文字记载史。我们今天能够看到的无论是官修的正史，还是文人墨客记载的野史，无不以文字形式呈现。正是在汉字的绵延不绝之中，我们的历史从远古走来，一路延伸至今。无论是刻在石头上的符号文字，还是刻在兽骨上的象形文字，都是历史的书写；无论是用毛笔，还是用钢笔，都是时间的凝固。不可想象，离开汉字，我们的历史将从何处起步，又将走向何方。

汉字是审美文化的载体。汉字以其端庄、方正、厚重、均衡、对称、凝练的特征给世人留下深刻印象。汉字字体作为一种艺术，是我们中国独一无二的。鲁迅在《汉文字史》中说："汉字具三美：意美以感心，一也；音美以感耳，二也；形美以感目，三也。"羲献父子、颜筋柳骨、颠张醉素等，使书法作为文人的技能登上大雅之堂，成为琴棋书画之一技。蕴含在书法中的文化精髓，曾经陶醉过多少古往今来的文人墨客。即便是作为普通的中国人，也视练习书法为提高文化修养、陶冶性情气质、集中注意力、养生祛病的重要手段，视为国人礼仪的基本要素。即使是键盘打字日益普及的今天，写一手好字依然是令人羡慕和推崇的。

汉字是民族团结的载体。中华民族是一个拥有五十六个民族的大家庭，其中有些民族有自己的语言文字，有些只有语言没有文字。但我们所有大家庭的成员都有一个共同的文字，那就是汉字。正是因为有了博大精深的汉字，各民族才得以用共同的语言交流，共同的文字书写，使各民族兄弟姐妹成为休戚与共、心手相连的骨肉同胞。淡化了汉字的书写，就有可能淡化民族间的有效沟通与交流，那是历史的倒退，是每一个热爱祖国的人不愿看到的情景。

如此说来，写好汉字不仅是个人兴趣，更是一份沉重的责任。一个有文化教养的中国人，即便不从事文字工作，也应该下点工夫，把祖国的文字写好。那不仅是我们个人的门面，也是我们祖国的门面。

我们该如何“保卫”汉字

雷　颐

核心提示

在近代中国与外界的文化交流中，中国从“新词”的“输出国”逐渐成为“输入国”的一个重要原因是，我们从近代开始，对西方的语言及其带来的知识，采取一种抵制、排斥的态度。

以西文字母开头的词语俗称“字母词”。早在20世纪初，随着中外交流的增多，我国就开始产生“字母词”；1903年出版的《新尔雅》词典便收有“X光线”，虽只一条，却开汉语词典收录字母词之先河。

此后，字母词越来越多地出现在人们的口语和印刷品中，今天，CT、A股、B股……开口即来，耳熟能详。对这种语言现象，对字母词能否收录汉语词典，学界及非学界一直都有不同看法。反对者认为：语言文字是中华文化的基础，把西文词汇纳入汉语词典，导致汉英混用，对汉语纯洁和汉语安全造成了威胁，是从根本上破坏中国文化的基础，甚至是对汉字最严重的破坏，损害了中华民族应有的文化自觉和文化自信。赞同者则认为：使用字母词是环境使然，社会在发展，语言文字也是发展的，不能用僵化、保守的眼光衡量，必须符合客观实际；词典收入字母词并非意味着要滥用字母词，而是对语言现象进行如实记录，《现代汉语词典》是一个工具书，工具书的作用就是要为读者提供方便，既然现实生活中出现了那么多的字母词，就要让群众有地方去查找。

雷　颐
中国社会科学院研究员。

两种观点，针锋相对，各有其理，应本着学术平等的精神互相争鸣、彼此辩驳。进一步说，对于如此复杂、长久、广泛的文化现象，不可能“舆论一律”，有不同观点、不同意见方为正常。

据称，2013 年 8 月，有一百多名反对字母词进入汉语词典的学者，联合向新闻出版总署和国家语言文字工作委员会举报，称《现代汉语词典》第 6 版正文部分第 1750 页至 1755 页收录了 239 条如“NBA”等以西文字母开头的词语，并像解释汉字的词条一样予以解释，违反了《中华人民共和国国家通用语言文字法》、《出版管理条例》、《国务院关于修改〈出版管理条例〉的决定》等法规，并以保卫汉语、保卫中国文化为名，要求公权力介入这场正常的学术、文化争论。

然而无数史实说明，公权力介入学术、文化争论，往往会造成严重甚至惨重的后果。以公权力强行干预语言现象，可能会使语言乃至文化更加干枯，更无活力，更无法与其他语言、文化竞争。

日本向以中国为师，语言文字亦是如此。近代中国的大门先于日本被西方打开，中国对西方的了解也先于日本。日本在“开国”时，仍通过中国来了解西方，比如铁路、铁道，公法、选举，化学、细胞等西学新词，日本都是从中国引进的。然而 20 世纪初，一大批日语词却融入现代汉语之中。这些涉及很多学科的新词汇或是现代日本新创造，或是使用旧词而赋以新意。如服务、革命、逻辑、设计……文化的交流、新词的引进当然不能离开翻译。译界向有“音译”“意译”的优劣之争，但全球化时代音译意译似均已赶不上“时代需要”，干脆 B 超、CEO、CDMA、ADSL……直到随“超女”一夜走红的 PK，这些“外语缩略语”成为“现代汉语”的一部分。由于禁不了，所以权威的《现代汉语词典》专设有“西文字母开头的词语”，而这一部分篇幅，肯定会越来越多。

其实，有“世界第一强势语言”的英语，也曾受到其他语言的严重“污染”。2006 年 2 月 5 日的《泰晤士报》曾发文评价“中式英语”（Chinglish）的影响，据总部设在美国得克萨斯州的“全球语言监测机构”发布报告称，英语正在经历历史上前所未有的变革，第 100 万个英文字将在这年夏天出现。自 1994 年以来加入国际英语行列的词汇中，中式英语贡献了5% ~20%，超过任何其他来源："令人惊讶的是，由于中国经济增长的影响，它现在对国际英语的冲击比英语国家还大。"该机构负责人、语言学家保罗·帕亚克说，法语在19世纪成为外交用语，而在20世纪逐渐走下坡路，据称词汇现在只有10万个。因为"全球英语不再是英式英语或美式英语支配的语言，而是以不受限制和具有区域特色的形式发展"。中式英语和多达60种类似英文字，如西班牙式英语（Spanglish）、日式英语（Japlish）和印度式英语（Hinglish），主要都是借助互联网而大行其道。帕亚克认为现在英语已经取胜，因为它兼收并蓄，而法语则较保守，其纯正度由法兰西学院规范。从1997年到2002年，欧盟使用法文的文件跌了24%，英文文件则增加32%。或许，这正是《泰晤士报》对"污染"标准英语的"中式英语"持肯定态度，认为其对丰富英语表达能力有积极影响的原因。语言与思想、文化一样，也是"有容乃大"。

在近代中国与外界的文化交流中，中国从"新词"的"输出国"逐渐成为"输入国"的一个重要原因是，中国整个社会从近代开始，对西方的语言及其带来的知识采取了一种抵制、排斥的态度。

在近代中国与外界的文化交流中，中国从"新词"的"输出国"逐渐成为"输入国"的一个重要原因是，中国整个社会从近代开始，对西方的语言及其带来的知识采取了一种抵制、排斥的态度。这说明，若想以保守封闭来维护民族文化传统，用心可谓良苦，但结果不仅无裨于事，反而更加被动。英语在与法语竞争中把法语远远抛在后面的事实也说明，只有开放的文化才能赢得主动，民族文化才能真正弘扬。

延伸 | Extended readings

以冷僻字验证汉字灿烂并无说服力

周俊生

核心提示

央视的《汉字听写大会》节目，在我们置身的这个“键盘时代”，唤醒了差不多已经遗忘的手写汉字的记忆。但对于中小学生来说，写不出那些从来没有见过的冷僻字词一点也不奇怪，并且没有必要要求他们写出那些其一生都很难用到的字词。五四以后，当时的知识分子痛感汉字对国家现代化进步的阻碍，提出了文字改革的主张，其中有些想法可能有些过火，但他们的努力至今仍在惠泽社会。

央视策划的《汉字听写大会》这档文化含量比较高的节目，在我们置身的这个“键盘时代”，唤醒了差不多已经遗忘的手写汉字的记忆。因此，这档节目开播以来，获得了舆论广泛的好评。但是，素有“语林啄木鸟”之称的上海《咬文嚼字》杂志日前向媒体爆料称，《汉字听写大会》存在明显误判，在2013年10月18日播出的总决赛上，包括节目组和冠军在内，都将“鸡枞菌”误写成了“鸡枞菌”，致使冠亚军易位。对于这一误判事件，节目组总导演关正文回应说，“的确是错了，我们应该就这样的错误向观众道歉。”（11月8日《新闻晨报》）

一个以讲汉字、写汉字来吸引眼球的节目，却出现这样的错误，这未免有点贻笑大方。确实，这个错误发生得太离谱了，先是主持人读错了音，把应该读为zong的“枞”读成了cong，也许正是读错音，给小选手造成了误导。但问题是，大赛有三位来自语言研究权威机构的专家担任裁判和裁判长，可以说是集中了当下中国最权威的语言文

周俊生

学者、作家、财经评论家。

字专家，怎么竟然会在众目睽睽之下出现这样的错误呢？如果说主持人读错字是因为她的“术业”不在这个“专攻”，因此还是情有可原的话，裁判、裁判长也应该当场纠正。事实上这样的纠错行动在这个节目中也曾经有过，主持人并不以为忤，观众也反映良好，但这在《现代汉语词典》上也明明白白写着并不算特别古奥的字，却没有一位专家当场给予纠正，而且是四位专家集体犯错，就成了咄咄怪事。

更让人不能接受的是，面对这个铁板钉钉的错误，央视已经放下架子表示接受批评并向观众道歉，但是，几位担任裁判的专家却认为现场的情况是判“鸡枞菌”的写法正确，而不是判“鸡坳菌”的写法错误。按照汉字构形的习惯，“木”字也可以重新分析为义符，泛指“植物”或“菌类”，选择“枞”字从字形上看是合适的。这真是一种荒唐的逻辑，按照这种说法，就像一个笑话里说的，“出”和“重”两个字应该换一下，因为按照汉字“六书”的会意原理，两座山叠在一起，分明是分量很重，而把“重”拆开来成为“千里”，无疑就可以表示“出”的意思了。但是，笑话毕竟只是笑话，嘻哈一下未尝不可，要把它当真的来对待，只怕要对整个汉字系统推倒重来了，因为偏旁义符与其组成的文字所表达的意思不一致的汉字，在我们的整个文字系统中实在太多了。

其实，虽然众位专家在电视机面前出这样的错误，着实有点难堪，但我们倒也没有必要咬着他们不放。认真一点说，这次大赛虽然名为汉字书写，其实考的是词的书写，而稍有语言学常识的人应该知道，汉语中的字和词是两个概念，在中华五千年传承下来的文化中，字的变化虽然很小，但词的变化却非常大。历史上产生过的很多词，因为它所描写的事物已经在时代变化中消失而成了冷僻词，今天一般人已经用不到了，因此人们对它们陌生，是一点也不奇怪的。如果一定要让今人写出那些已经死亡的词，就如同让古人写出当代产生的新词一样，只能在一些电视剧里出现，而不可能成为现实。

> 如果一定要让今人写出那些已经死亡的词，就像如同让古人写出当代产生的新词一样，只能在一些电视剧里出现，而不可能成为现实。

在中国漫长的农耕时代，社会文化的发展与变迁十分缓慢，由于新事物的产生很少，汉语词汇系统有足够的稳固时期，因此完全可能出现在文字书写上“打遍天下无敌手”的通才。但在今天，随着社会分工的细密，一个现代人已经很难将所有的汉字融会贯通，甚至进一步把理论上可以无穷大量的汉语词汇全部掌握。对于中小学生来说，写不出那些从来没有见过的冷僻字词，是一点也不奇怪的，而且也没有必要要求他们写出那些他们的一生都很难用到的字词。其实，不要说这些学生，即使是端坐台上的专家，参加这样的比赛，也很容易败下阵来。作为嘉宾参加大赛点评的钱文忠教授就说了一句实话：“如果我上台参加比赛，早就被这些学生干下来了。”钱文忠如此，那几位裁判又何尝不是如此，一个“鸡枞菌”已经证明了这一点。从这一点说，每个人其实都有可能绊倒在汉字面前，那些高高坐在裁判席上的专家，在这方面并没有什么特权。

央视举办的这次大赛，以“书写的文明传递，文字的未雨绸缪”为口号，但是，以大量冷僻字的复活来验证汉字的灿烂，是缺乏足够的说服力的，倒是可以提醒我们，这些繁难的汉字曾经阻碍着中国的进步。中国的文盲率之高，在世界上曾经名列前茅。五四以后，当时的知识分子痛感汉字对国家现代化进步的阻碍，提出了文字改革的主张，其中有些想法可能有些过火，但他们的努力却直到今天仍在惠泽社会，这是一个无法否认的事实。今天仍有些人对这种文字改革看不惯，因此经常有声音要求恢复繁体字。但是，这些“复古派”不应该忘记的是，当年那些努力推行简化汉字的先贤，对汉字文化的认识是完全超过今天任何一位滔滔不绝的专家的。

> 以大量冷僻字的复活来验证汉字的灿烂，是缺乏足够的说服力的，倒是可以提醒我们，这些繁难的汉字曾经阻碍着中国的进步。

本文末，我想抄录一段周有光先生讲的故事送给央视汉字大赛的主办者们。周先生说的是“文革”时期他和林汉达先生在“五七干校”下放劳动时，在劳动的闲暇时间躺在高粱地里闲谈，林先生仰望长空时念兹在兹的仍然是语文大众化的问题，他喃喃自语，“揠苗助长”要改成“拔苗助长”，因为“揠”字大众不认得。他又问周有光先生，“未亡人”、“遗孀”、“寡妇”，哪种说法好？周先生跟他开玩笑，回答说：“大人物的寡妇叫遗孀，小人物的遗孀叫寡妇。”(《周有光文集》第12卷《跟教育家林汉达一同看守高粱地》)。林汉达先生已经作古，他在那个严酷的年代里还这样牵挂着文化普及，令人肃然起敬。不知道这位曾经用通俗语言给小朋友写出《上下五千年》的教育家，看到今天电视荧屏上用已经死亡的冷僻词语考倒学生的情景，会有怎样的想法？

汉字正在遭受图像媒体“百般欺凌”

林少华

核心提示

传统文化最重要的载体就是汉字。中华民族或者说中国版图之所以没有像欧洲后来那样变得四分五裂、小国林立，其实是汉字的功劳，是汉字创造吾国历史。老祖宗留给我们的较为完整的遗产，如今只有汉字了。令人惋惜的是，这样的汉字正在遭受图像媒体的百般欺凌。汉字是敲的吗？汉字是写的。

前段时间坐校车，通道另一侧坐着两个老外在讲英语。只言片语间听得两人似乎正在议论央视综艺节目“中国汉字听写大会”。一位说个不停，另一位像听写似的在手机显示屏上用左手指（左手指！）画来画去。于是手心般大小的楷体汉字一个个闪现出来。两人指着某个汉字，时而眉飞色舞、时而摇头晃脑、时而连声赞叹。受其感染，我也情不自禁地歪过脖子看他俩鼓捣出的汉字。说来也怪，我猛然间觉得汉字是那么端庄秀美，那么开合有致、疏密相宜——从审美角度看，26 个英文字母确乎难以与之媲美。难怪两个老外那么兴奋。路上半小时，两人一直头不抬眼皮不撩地盯着手机比画横竖撇捺。看样子，他们眼中只有汉字，而没有满车的“汉人”。

看到中央电视台“中国汉字听写大会”这档节目引来众多人的喜欢和积极参与，也看到有如此之多的汉字热爱者，心底泛起一股难以言喻的欣慰和欣喜之情，甚至产生一种错觉：谁说这个时代浮躁了？人们的兴趣点并未抛弃传统文化！

无须说，传统文化最重要的载体就是汉字。没有汉字，就没有《诗经》中的“窈窕淑女”，没有文采斐然的诸子百家，没有《史

林少华
知名翻译家村上春树中文版主要译者。

记》之千古绝唱，没有楚辞汉赋，没有唐诗宋词，没有《红楼梦》。一句话，没有汉字，等于一无所有！记得20多年前在日本一所大学任教的时候，一位日本同事对我说，中华民族或者中国版图之所以没有像欧洲后来那样变得四分五裂、小国林立，其实是汉字的功劳。

他说的汉字功劳之大我完全认同。在这个意义上也可以说，是汉字创造吾国历史。换言之，真正的强者不是汉武，而是汉字。入主中原的清王朝统治者，堪称以少胜多的千古枭雄，却也只能让汉人象征性地剃去头发，并不敢剔除汉字——不得不在汉字面前俯首称臣，而最终自己也被彻底汉化，乾隆本人还以身作则地做了几万首并不很差的汉诗。须知，古往今来，不知有多少字、多少语言文化由于强虏入侵而消失在历史的迷雾之中，唯独汉字及其承载的汉文化而一脉相承绵延至今——“两岸猿声啼不住，轻舟已过万重山”！至今我们还能够同数千年前的老子孔子李白杜甫等民族先贤直接对话，能够看到他们的音容笑貌，能够感受到他们的呼吸、心跳和喜怒哀乐，完全是由于汉字的“万世一系”。而这是多么幸运的事情啊！世界上唯有我们有这份幸运、这个福分。因此，对汉字无论怎么珍惜都不过分。说到底，老祖宗留给我们的较为完整的遗产，如今只有汉字了。此乃绝无仅有的传家宝、传国玉玺！

老祖宗留给我们的较为完整的遗产，如今只有汉字了。

令人惋惜的是，这样的汉字正在遭受图像媒体的百般欺凌。图像媒体变着法子压迫只有偏旁部首的汉字的生存空间。然而至少有一点是图像们所无法取代的，那就是：汉字所唤起的是最具个人风格的内心视像、是不受任何技术制约的想象力。举个简单例子，图像呈现的任何一版林黛玉，都不可能有汉字赋予的你心目中的林黛玉那般凄美动人。不仅如此，汉字还带给你形而上的深刻与浩瀚，带给你同上天对话的才学与能力——汉字是一个个神奇的精灵，是天人之际的使者。

汉字所唤起的是最具个人风格的内心视像、是不受任何技术制约的想象力。

汉字是敲的吗？汉字是写的！只有写，才能把握字的脉动、感受字的体温、倾听字的喘息，才能和字融为一体。

名家观点 | Experts' viewpoints

龚鹏程　北京大学中文系教授

汉字是独有的文化符号系统

拼音文字是记音符号，没有一个跟语言、语音独立的另外一套符号系统。只有中国才有跟语言有关系、但又是独立的符号体系。近代以来，很多人羡慕西方的拼音文字，忘记了全世界只有我们发展出了一套文字符号系统，这种符号可以和语言系统脱离，不同方言的人可以使用同一套文字，都能懂，都能读，跟语言相关，但相对独立。而西方语言学、拼音文字，用西方语言学的观点来说是没有文字学地位的，它跟汉字的文字符号系统恰恰是两个不同的体系。西方人想不想发展呢？想发展，但发展不出来。

汉字争论由来已久。有人认为汉字造成了近代中国科学发展滞后，要废汉字、拼音化、简化，一直折腾到现在。

王永民　五笔字型汉字输入法发明者

提笔忘字，势必“文将不文、字将不字”

“保卫汉语”的问题，一百年以来一直存在着争论和不同的观点。

大批的学生提笔忘字、不会写字，势将“文将不文、字将不字”，中华的传统文化颜面何在？这是值得国人好好反思的一件大事情。

“五四”时代曾经有一种观点：汉字不灭，中国必亡，认为中国积贫积弱，都是因为汉字难学难认，影响了教育的普及和科学的进步。由此产生了“汉字要走拼音化道路”的主张。一直到上世纪80年代，计算机出现了，汉字真正遇到了一个生死存亡的难题：成千上万的汉字如何进入计算机，如何用计算机处理？中国人面前摆着两个选择：要么废除汉字改用拼音文字，要么不用计算机。我想极少有中国人会同意这两个选择。所以必须解决计算机怎样处理汉字、计算机怎么输入汉字这两个大难题。由于党和国家的高度重视，我国的科学工作者先后解决了激光照排和高效率、准确地输入汉字的世界难题，这就是后来被大家称为“王码”的输入法。但是，汉字是不是优越的文字？汉字是不是适合信息时代？这个争论依然没有停止。

“汉字落后论”的错误思潮，一百年来从来没有被清算过，汉字被这种思潮拖进了一个“沙漠化”的境地，大批的学生提笔忘字、不会写字，势必“文将不文、字将不字”，中华的传统文化颜面何在？这是值得国人好好反思的一件大事情。

葛兆光　复旦大学文史研究院院长

向世界展示完整的中国

什么是中国？中国是一个由历史上不同的地区、不同的民族逐渐形成的国家。

什么是中国的文化？中国的文化有五个比较明显的特征：

第一，汉字以及汉字的表达、思维、书写；

第二，放大的家庭，再放大的家国，以及从中发展出来的儒家，构成了中国的国家伦理以及国家的制度、观念；

第三，儒、道、佛“三教合一”的信仰，它们没有绝对独立的地位，在政治的控制下，所有宗教可以不发生任何冲突，这在世界上也是少有的；

第四，阴阳五行的观念，以及从中发展出来的知识和技术，在世界有其独特性；

第五，中国人独特的看天下、看世界的方式。

中国是一个非常复杂的国家，比如西域三十六国，进入中原就变成中原的组成部分。我们千万不要认为中国文化是单一的文化，不要把它简化为汉族中国。我们总觉得国学就是以“四书五经”为核心

我们千万不要认为中国文化是单一的文化，不要把它简化为汉族中国。我们总觉得国学就是以“四书五经”为核心的内容，于是，弘扬国学就代表国家了。孔子难道是我们唯一的代表吗？

的内容，于是，弘扬国学就代表国家了。孔子难道是我们唯一的代表吗？中国是一个非常复杂的多民族融合起来的国家，因此我们的民族也自然呈现出纷繁多样的民族传统。

未来怎么向世界展示中国？中国文化太复杂，如果我们要尊重不同的民俗、不同的宗教、不同的地域，用单一的呈现方式是不行的。日本向世界呈现文化就有很多方式，它把很多引进的文化看作是自己的，有意识地推出最具日本特色、最能让人家记得住的东西，如佛教、围棋等。对于我们来说，当前重要的是要研究怎么样呈现非常复杂的中国文化，用什么样的形式向世界呈现和展示完整的中国。

当前重要的是要研究怎么样呈现非常复杂的中国文化，用什么样的形式向世界呈现和展示完整的中国。

高考改革的英汉之争

02

KEEPING THE
MINUTES OF CHINA
WITH THOUGHTS

主题

温儒敏　高考改革又迈出沉重一步
熊丙奇　英语分值该如何调整

延伸

叶　开　母语教育：行走在歧途上
王旭明　娃娃学英语当急刹车
张颐武　语言素养是个大问题

名家观点

龚鹏程　潘采夫　线教平

主题 | Key Articles

高考改革又迈出沉重一步

温儒敏

核心提示

应该增加高考作文和整个语文考试的分值，因为原来 150 分的“盘子”不够大，需要扩大，才“盛”得下语文素养综合考察的内容。

北京市高考改革方案，2016 年起将语文分值从 150 分调到 180 分，英语从 150 分调到 100 分，文理科综合 300 分调到 320 分，数学不变，还是 150 分。另外，英语将增加一年两次考试，如高一已考了 100 分，高二高三可不考英语了。这个消息出来后，社会反响巨大，据网上投票统计，大多数人赞成，也有不少人反对。这是肯定的，任何改革措施的出台，都不可能意见完全一致。我是极力赞成这种改革的，这是经过多年争论和反复研究后终于沉淀下来的结果，预示着举步维艰的高考改革终于又迈出沉重的一步。

语文学科属于基础学科。这种对一个人成长的“覆盖性”影响，是其他任何学科都难于取代的。

为什么要增加语文高考的分值？理由有三。

理由之一是语文学科属于基础学科，对学生思维能力、语言能力，以及情感、态度、价值观的培养，有至关重要的作用，这种对一个人成长的“覆盖性”影响，是其他任何学科都难于取代的。语文学好了，能为其他学科的学习打下基础，语文学科可以说是“基础的基础”。

有人可能认为，我是中文系教授，对语文情有独钟，说这话是“老王卖瓜”。其实很多卓越的科学家也都强调语文的基础性和重要性。著名的数学家苏步青院士就说过，“数、理、化当然重要，但语

温儒敏
北京大学中文系原主任。

文却是各门学科的最基本的工具。语文学得好，有较高的阅读写作水平，就有助于学好其他学科，有助于知识的增长和思想的开展。反之，如果语文学得不好，数、理、化等其他学科也就学不好，常常是一知半解。”他强调的就是语文的基础性。苏步青先生曾向教育部长建议，如果允许复旦大学单独招生，第一天考语文，及格的再参加以后的考试，语文不及格的就直接淘汰。苏步青担任复旦校长时，就把语文列为自主招生考试必考科目之一，并说：“其他科目可以不考，但语文一定要考。”看来，语文的基础性决定了它不应当和其他学科等量齐观，适当增加高考语文的分值是完全必要的。

理由之二，语文是综合性、实践性很强的学科，其培养目标不只是知识和能力，还应当延伸到整体素养。新颁布的义务教育语文课程标准已经把“语文素养”当作核心的终端的课程目标。而“素养”的考察是比较难于量化的，光靠一些知识性的题目，或者局限于一些具体的能力测试，都难于检测总体的语文素养。高考之所以要考作文，也是希望通过作文来考察考生的语文素养，因为作文有赖于综合能力，包括语言运用能力及其背后的思维力、审美力、文风，等等，其实就是素养。而这么些年来，高考作文的分值一直在60分左右，显然不够，难于承担“综合考察”的担子。多年来，我和许多专家都呼吁增加高考作文和整个语文考试的分值，理由就是原来150分的“盘子”不够大，需要扩大一点，才“盛”得下语文素养综合考察的内容。

“素养”的考察是比较难于量化的，光靠一些知识性的题目，或者局限于一些具体的能力测试，都难于检测总体的语文素养。

理由之三，是现在母语学习普遍不受重视，语文教学已经被边缘化。因为语文素养提升要靠大量阅读，要长期积累，很难依赖“短促突击”的复习去提高考分，许多学生甚至认为语文学不学都差不多，这势必放逐语文，挤掉本该学语文的时间给英语或其他“好拿分”的学科。有的学校甚至公开要语文给其他学科“让路”。适当增加语文分值，将有利于恢复语文应有的地位，让全社会重视母语教育。

现在很多人眼睛只盯着分值的增减，而忽视整个改革的方案，站在不同学科立场就难免有片面的争执。如英语的分值降低，其配套措施平时增加等级考试，最终退出高考，实行社会化考试。这是重视英语、也更符合英语教学规律的改革措施。同样，语文分值提高也并非万事大吉，重要的是要改进现有的普遍的语文教学模式，向多读书以提升素养的方向靠拢，摆脱应试教育的束缚。当然，语文高考命题和阅卷也必须改革，增加科学性和公平性。

高考改革牵涉方方面面，需要积累，稳妥推进，最终的目标应当指向高考的社会化以及整个高校招生制度的改革。有百利无一弊的改革是不存在的，既然踏出这一步，就要超越坐而论道，勇敢前行，不断实践与完善。

英语分值该如何调整

熊丙奇

核心提示

目前的教育改革决策者，多是50后、60后群体，他们的意见重要，但80后、90后的意见更重要，如果忽视学生群体的声音，甚至他们没有话语权，那么不论改革怎么改，他们都是“被改革”，这样的改革，不但可能伤害学生群体的利益，也可能导致改革效果不佳。

北京高考新方案公布，英语降低分值，引起各界广泛关注。总体而言，舆论普遍赞成降低高考英语权重。在新京报组织的“你支持高考英语降低分值吗?”调查中，这也得到充分体现，支持者达74.8%。可是，再进一步分析各年龄段群体的意见，就会发现，对于这一改革，公众的情绪还是很纠结。

总体看来，这一调查得出一个结果：年纪越大者，越支持降低英语分值、增加语文分值。比如，对于“你支持高考英语降低分值吗?”有80.8%的50后被调查者选择赞成，60后选择赞成者则达73.4%。对于“你支持语文增加分值吗?”有高达92.3%的50后选择赞成，60后选择赞成者达78.5%。而与之对应，刚完成学业或者正在求学的80后、90后，赞成这两者的比例却低一些，尤其是对于增加语文分值，赞成比例要低近20个百分点。

这对包括英文科目改革在内的高考改革，提出两方面问题。

熊丙奇
21世纪教育研究院副院长。

其一，改革必须充分听取各界意见，尤其是教育第一线、正在求学的学生的意见。可以说，目前的教育改革决策者，多是50后、60后群体，他们的意见重要，但80后、90后的意见更重要，如果忽视学生群体的声音，他们没有话语权，那么，不论改革怎么改，他们都是“被改革”，这样的改革，不但可能伤害学生群体的利益，也可能导致改革效果不佳。比如对于语文，很多人认为语文分值增加会提高学生的人文修养，可如果结合当前的高考录取制度、认真去了解学生的学习状态，就会发现，如果应试格局不变，增加语文分值，只会增加新的应试负担。需要指出的是，现在的调查，还有一些被调查者并不清楚具体的高考录取规则，只是凭感觉进行选择。等这一改革方案真施行后，再去调查学生、家长，得到的结果才更接近现实。

其二，改革不要关注形式，而要重视实质。对于降低英语分值的改革初衷大家是支持的，但对于改革措施的效果大家更关注，不要把对改革初衷的支持，理解成对改革措施的支持。这也正是我国历次高考改革都存在的问题，由于改革措施不到位，结果是改革只剩下减轻学生负担、引导素质教育的初衷。

所以，要把改革的初衷和改革的措施分开，不能把支持降低英语权重与支持目前的改革措施混为一谈。降低英语权重是大势所趋，但目前简单降低分值的做法，很难说能起到这一效果。真正能让英语权重降低、引导基础教育重视学生个性发展的改革措施是实行考试、招生分离。大学自主招生，可根据本校的办学定位、专业特点，自主提出英语科目、成绩要求，而学生则根据自己报考大学的选择，自主选择考试，以考试成绩自主申请大学。这就把学习的选择权交给学生，同时中学可摆脱考试指挥棒，自主教学。

要把改革的初衷和改革的措施分开，不能把支持降低英语权重与支持目前的改革措施混为一谈。降低英语权重是大势所趋，但目前简单降低分值的做法，很难说能起到这一效果。

延伸 | Extended readings

母语教育：行走在歧途上

叶　开

核心提示

母语教育失败不能怪罪于英语，以为削弱英语就能提升母语教育质量，无异于缘木求鱼。

停留在语文教材的视野狭隘里，是语文教育的大问题之一。中式英语教育走入死胡同，跟学习目标偏差有关。如能抛开高考制度的制约来思考，将会得到很多教益。

语文教育思想的最大问题是把丰富的语言、文学内涵抽空，干瘪成一种粗糙语言文字工具。语文教材垃圾化，课堂教学无趣化，考试方法标准化，对语文学习都造成了负面影响。

母语教育失败不能怪罪于英语，以为削弱英语就能提升母语教育质量，无异于缘木求鱼。语文教育思想的最大问题是把丰富的语言、文学内涵抽空，干瘪成一种粗糙语言文字工具。语文教材垃圾化，课堂教学无趣化，考试方法标准化，对语文学习都造成了负面影响。

中小学生语文周课时最多，学生要完成的语文作业也最繁重。每天带回家的语文阅读分析作业，隔三差五的作文和周记，让学生花费大量的时间，而挤不出哪怕半个小时来阅读经典作品。停留在语文教材的视野狭隘里，是语文教育的大问题之一。要切实提高母语水平，须轻化语文教材，让学生系统地阅读，学习文、史、哲等不同学科的经典著作。

曾经被胡适之、鲁迅等文化大师深刻批判过的礼教毒文化，很可能披着国学外衣再度侵入中小学教育体系中，以怪异僵化的秩序思维，打压学生的个性、而强化威权，长此以往，语文教育将加速朽化，而形成无解死结。

叶　开
作家《收获》杂志编辑。

中式英语教育可检讨处也很多。如能抛开高考制度的制约来思考，将会得到很多教益。

目前英语教育太热，各种英语课外班泛滥成灾。极端者据说早就鼓吹外语学习从胎儿开始了，而低幼儿童培训班更是名目繁多、遍地开花。即便如此，以通过严酷考试为学习目标的中式英语教育，仍然不能说是成功的。哑巴英语、聋子英语，有语言无文化更无文学的空洞英语学习方式，仍是中式英语教育的怪异现状。很多擅长考试的英语应试神童在面临现场听力及会话环境时，仍然张口结舌，面红耳热。

英语教育走入死胡同，跟学习目标偏差有关。进入21世纪，世界各国的交流日渐深入，普通公民的交往需求也越来越强烈，作为非母语教育，英语学习应重视听力及会话的训练，应重视基本的文化、文学作品的具体阅读和训练，而不是故意设置障碍、鸡蛋里挑骨头式的怪异英文题目考试。从有效学习的角度来说，普通人具有英语的基本听说读写能力，不但便于工作上与外国友人交流，在旅游上可以获得自主自由便利，在正规学习或者自我学习上，更可以获得全世界无穷尽的资料和信息。只有外语专业人员，才需要进行更深入的语法、翻译等方面的专业训练。

母语教育与外语教育具有本质上的区别。

汉字作为一种独特的象形文字、一种独特的修辞性语言，经过几千年的积累，使得中文在世界上具有独特的魅力，而在汉语、汉文化的学习上，也需要进入中文具体语境，以中文方式思考。

当前的中小学语文教育，过分注重字词、句读，缺乏有效的经典作品诵读，轻视修辞训练，无法形成基本的文学、文化的经典美学经验。母语学习因为特殊的语言环境关系，学生无须过多地重视语法等语言问题，他们从开始学习说话，就已经运用汉语了。对于一名中文母语学生来说，他们需要做的，是强化这种母语环境下的传统文化学习，传承悠久的历史文化。

哑巴英语、聋子英语，有语言无文化更无文学的空洞英语学习方式，仍是中式英语教育的怪异现状。

用学习外语的方式学习母语，岂非咄咄怪事？

母语教育如果要取得突破，就要对当前的语文教育思想和语文教育模式进行彻底的改革。母语教育需要根植于中国文化的多样性、而非儒家独尊的文化传统，进行严格有效的修辞训练，需要通过对经典作品的长期的阅读书写和背诵而获得提升。

现行语文教学思想和手段都太僵化，段落大意、中心思想、主题归纳之类的可笑模式，仍然在中小学语文教学中通行无阻，奉为圭臬。而在考试评测上，则依靠死板的标准答案，学生必须死记硬背以应付无穷无尽的试题。这样做，无异于愚公移山，最后只能求助于神明。

如果要真正地提高学生的母语学习水平，需要从考试制度改革等各个方面来慎重论证、综合考量，不能仓促作出决策。

当前的中小学语文教育，过分注重字词、句读，缺乏有效的经典作品诵读，轻视修辞训练，无法形成基本的文学、文化的经典美学经验。

在目前国际交流日渐频繁的新时代，英语作为一种世界性通用语言，具有无可替代的重要性。新时代学生不具备基本的英语听说读写能力，将会失去竞争力，也将会失去很多人生机会。单方面削弱英语考试比重，会给尚在成长、缺乏足够判断力的学生一种“英语无用”的强烈暗示而降低学习热情。当他们长大、明白英语的重要性时，已经过了学习的黄金时期而事倍功半了。

娃娃学英语当急刹车

王旭明

核心提示

从我国国情和孩子智力、语言发育的实际情况看，统一要求小学开设英语、片面追求英语成绩的提高，结果是毁了英语也毁了汉语，更毁了教育、毁了孩子。当今保卫母语几乎成为很多国家的共同纲领和决策，刺激和提高孩子学习汉语的积极性，提高国民语文应用能力，已经迫在眉睫。

2013年9月9日，我以每日一呼的形式连发微博：取消小学英语课，增加国学教育，取缔社会少儿英语班，解放孩子，救救汉语！该呼吁引起争议。

的确有研究表明，幼儿阶段是语言天赋发展和培养的最好阶段，因此有人极力主张将幼儿学英语提前。还有一种理论认为，处于改革开放中的中国必须处于国际化教育环境并和外国接轨，让娃娃早学英语就是国际化的具体表现。更有人把学英语同改革开放联系起来，不学英语就是反对改革开放，如此等等。不管貌似有理的论证，还是毫无道理的无限上纲，我都始终认为：全国娃娃学英语不符合当下中国国情、不利于中国孩子身心健康；制止全国娃娃学英语迫在眉睫、势在必行。

全国娃娃学英语不符合当下中国国情、不利于中国孩子身心健康；制止全国娃娃学英语迫在眉睫、势在必行。

“全国娃娃学英语”当尽快制止

首先，提出“全国娃娃学英语当急刹车”观点的基本依据，是立足当下中国国情。

王旭明
语文出版社社长。

稍有常识和观察力的人都会感到，我们的母语汉语正在面临越来越严峻的挑战，中国人不会说中国话、不会说好中国话以及不会用中国话的现象普遍存在。在现代科技风起云涌的背景下，汉语和汉字也逐渐被边缘化。由于当前我国语文教学总体上看质量低、效果差、人为因素干扰多，以及教材、教师存在的较多问题，汉语教学和学习滑坡的情况正日益加剧。可以毫不夸张地说，提高国民语文应用能力已经迫在眉睫。在这样的背景下，取消或降低全国娃娃学英语的要求，刺激和提高学习汉语的积极性，无疑是保护汉语的实在举措。

其次，从世界各国情况来看，保卫母语几乎成为世界上很多国家共同的纲领和决策。

据了解，其他国家虽然也有如韩国一样从小学一年级就开设英语课的，但人们围绕早期英语教育问题展开了激烈的辩论。日本的学校里外语教育开始得比较晚，日本外务省从 2011 年才规定要在小学的 5、6 年级开始全面实施外语教育。作为必修课，课时是一年 35 个课时。有人说，德国法国这样的大国都很重视对本国语言的保护，德国学者不断呼吁制定一部法律来保护德语，不断呼吁德国以及各州文化部提高德语教学质量。据说法国人以用法语讲话为高贵，如果到法国旅游用英语问路，有人会装作听不懂，不理你。相比之下，有人评价："除了中国之外，没有哪个国家会把英语强调到比本国语言还重要，这绝对是一种悲哀。"这样的对比，让人听来心酸而齿寒却雄辩而有力。

有人评价："除了中国之外，没有哪个国家会把英语强调到比本国语言还重要，这绝对是一种悲哀。"

第三，就我国娃娃智力和语言发育的实际情况看，统一要求小学开设英语、片面追求英语成绩的提高，既不实际，也毫无必要。

毫无疑问的一个常识是，每一个中国娃娃的母语能力是必须具备的，无论是城乡的孩子，还是家庭条件贫富不同的孩子，但对英语的要求则不一定必须学，不一定必须学好。现在许多小学甚至学前班，把学英语当成一项必须的要求，既不符合中国孩子身心成长的实际情况，也不符合中国东西部、城乡差距大的实际情况，结果是毁了英语也毁了汉语，更毁了教育、毁了孩子。

娃娃学英语如此如火如荼、止不住掐不断的原因

既然如此，为什么娃娃学英语如此如火如荼、止不住掐不断呢？

一是极不合理的公办学校择校现象的引导性。遍布中国城乡的所谓重点小学、重点中学，以英语好作为诱饵和标准之一，不惜牺牲全体娃娃的利益，培养那几棵苗苗，引来全社会娃娃及家长们英语追风，这些所谓重点小学、重点中学以追求升学率作为他们的重要目标，后果可怕。

二是为了迎合这种需要，社会上各种各样的英语培训班，以过度开发的形式，使学习一种语言变成商家谋利的工具。有人统计，我国英语培训产业价值150亿元，全国有5万多家语言培训机构，这里的有些机构和人员不管什么保卫母语的良知和按教育规律办事的科学性，有生源、有利益就做，后果更加可怕。

三是当下许多学校老师和家长的盲目跟风，无节制、失理性地随大流，使得全国娃娃学英语日渐其盛。

痛下决心，改变现状

必须指出，学英语没有错，娃娃学英语也没有错，错就错在要求全国娃娃学英语，而且不断提高标准。改正这一不合理现实并不难，只要痛下决心，甚至矫枉过正。

一是教育行政部门应明令禁止升学与英语挂钩，一时取缔不了公办重点中小学，也要要求其必须严格遵守规定，违者必究。

二是教育行政部门要明令学前教育不准有英语学习的内容和要求，小学低段也不得开设英语课。

三是教育行政部门要提出小学高段至中学将英语作为选学课，学生根据自己兴趣选学但不进行考试。

四是直接影响中小学教学的中考和高考去除英语科目，提高汉语

测试比重。

五是限制或取缔社会上各种以营利为目的的英语培训班，尤其是以招收学前娃娃为目标的培训班。

应该看到，全民学英语、全国娃娃学英语是在改革开放之初国门大开，随着我国经济建设和社会发展需要而兴起的，功不可没。随着改革开放的深入，一方面我们的外语人才基本上能够满足需要，另一方面让全体人都去学习一门外语，不仅耗费人力、物力和精力，而且人才培养成本也在增加，很多学科其实根本无须外语，通过翻译完全可以解决。无论如何，对包括全民学英语、全国娃娃学英语这样曾经的辉煌，看清形势、顺势而为才是最明智、理性和科学的选择。

全国娃娃学英语当急刹车，为了孩子、为了未来、为了中华民族！

语言素养是个大问题

张颐武

核心提示

弘扬中华文化、建立我们的文化自信，与学习英语之间不是互相对立的关系，不宜上升到文化冲突这样的高度去解决。在中华民族一百多年来的奋斗历程中，学习英语也是中国现代文化中非常重要的组成部分。

语言素养的提高是一项长期任务，学外语要继续加强，学中文更要继续加强，哪一方面都不应削弱。

最近，北京中高考改革提出“英语降分、语文升分”方案，这一降一升引发了全社会的热议和联想，有人说这是一种倒退，有人说这折射了当代文化观念的转变。

我觉得这一方案不宜也不必上升到中西文明的高度。把学外语与本土文化的传承、中华文化的发扬对立起来是没有意义的。弘扬中华文化、建立我们的文化自信，与学习英语之间不是互相对立的关系，不是学了英语，在弘扬中华文化上就差了，或者说弘扬文化就要少学英语，这两者之间也没有因果关系。

弘扬中华文化、建立我们的文化自信,与学习英语之间不是互相对立的关系。

在我们中华民族一百多年来的奋斗历程中，学习英语实际上占有非常重要的位置，也是中国现代文化中非常重要的组成部分。当年严复和林琴南做翻译，林琴南不懂英文都要做翻译，就说明当时是多么渴望了解外部世界。在学习英语的过程中也出现了很多优秀学者，如中西兼通的钱钟书先生，他虽出身于外语系，这并没有妨碍他对中华文化的了解，反而有助于发挥跨文化的力量。所以，英语学习并不是坏事，社会应该对此有一个明确的共识。

张颐武
北京大学中文系教授。

对于是否该学英语这没有什么值得争议的，因为每个人都知道英语是世界性的语言，要解决的是技术性方面存在的较多问题。

第一，很多中国人学了多年英语，结果学的是“哑巴”英语，应考能力很强，不会实际应用，在交际中只能进行一些最简单的对话，稍微复杂一点就说不出口。这是我们要改变、要提高的。

第二，把学英语变成了一门心思只是学“英语”，忽视了其他学科的学习与文化修养的提升，母语学习状况不佳，这种情况也的确存在。

但是，上述问题不宜上升到文化冲突这样的高度去解决，因为它本身不是一个文化冲突问题，还主要是一个技术性的问题。对于英语学得不好，使用效率不高等，人们有很多怨言，学生也有很多苦恼。中国人所学的外语，除英语外，还包含西班牙语、法语、德语等各种不同的语种，最普遍的还是学英语。中国人目前的英语水平整体是比较高了，尤其在年轻人中，有很多优秀的英语人才。教育部门提出试图通过改革，达到英语实际交际能力的提高，是一件应该支持的好事情。

一些地方对英语考试的分数作出的调整，既不宜认为这完全不可行，也不宜认为这是未来的大趋势，应该说是在尝试中做探讨。其目的不仅仅是为了考试，而是为改得更实用、更有利于交流和互动。就考试而言，如何使考试更灵活、更有弹性，更有利于综合应用能力的提高。这是更值得探讨的。

中华文化或者是中华民族一百年多年来受到了严峻的挑战，中华文明过去在世界占据重要位置，近一百多年来逐渐衰落，使我们产生了很多文化上的焦虑，也产生了两个极端，一是过度自卑，觉得我们什么也不行，西方什么都好，二是认为西方必然没落、毁灭。

近一百多年来逐渐衰落，使我们产生了很多文化上的焦虑，也产生了两个极端，一是过度自卑，觉得我们什么也不行，西方什么都好，二是认为西方必然没落、毁灭。

随着中国国力上升，国民自我贬低，自我压抑以及自我夸大的两种心态都还有，仰视西方和俯视西方都不够客观理性，而应采取平视、理性的态度看待这些问题。中国的崛起提升了我们的文化自信力，全球对中文的需求日渐明显，因此在英语学习问题上，我们更应该抱持开放的心态，将其看作一个技术性的问题来探讨，而不是将其看作意识形态或文化上的争论。

现在我们在日常中使用的一些抽象概念，很多人以为是出自我们自己的文化，其实不少概念是十九世纪末从日本引进的。比如“本质”和“现象”、“抽象”和“具体”；比如我们现在经常说的“民主”等等。这些重要的、搭建起我们抽象思维的概念，都是日本当年翻译西方语言时使用的，因为那时日本对汉字的应用相当普遍，所以我们基本上把这些概念直接引用过来。虽然这些概念大都在中国古代有之，但却被日本巧妙地拿来用于对西方抽象概念的翻译，最后变成和西方概念一一对应，而不是和我们古代的说法一一对应，因此我们很多语法都是跟西方的语法相当接近的，已经不同于中国古代汉语语法的解释。

语言其实是开放的，有弹性的。但另一方面，又具有传承性，过度的变化和追求时髦，也是不合适的，既不能太保守，也不能太激进。总体上看，现代汉语受西方语言的影响很多，但随着中国综合实力的提高和在国际上的影响力的提升，英文语言里也出现了不少中文的汉语的借词，全球经济文化发展带来的文化交流，有利于语言的活跃。

在人们的修养方面，中国人的语言文化修养普遍比较薄弱，我们在公共语言的使用上，无论是英文、中文，都存在较大问题，特别是词不达意。从产品说明书的介绍到很多文件，再到人们的日常交流，写 E-mail 都有很大的问题，这表明我们的语言素质修养不高。现在基本上我们都认识字，这个是极大的成就。但是另一方面，我们运用语言的能力还比较弱，这是素养问题。

提高素养是文化自觉、语言自觉重要的一步。

语言的素养其实是一个大问题，提高素养是文化自觉、语言自觉重要的一步。整体的语言素养的提高是一项长期的任务，因此学外语要继续加强，学中文更要继续加强，哪一方面都不应削弱。

名家观点 | Experts' viewpoints

龚鹏程 北京大学中文系教授

幼儿园学英文是可悲的浪费

我长期以来主张根本不需要教英语。不仅小学不应该教，中学也不必教。中国的英语教学是骗父母的。反复记忆不是西方人学语言的方法。这是我们自己的学法，英语课、语文课这样，数学课也是这样。

> 反复记忆不是西方人学语言的方法。这是我们自己的学法,英语课、语文课这样,数学课也是这样。

有这么多留学法国、留学德国的学者，他们在德国读书、法国读书，做教授、做翻译的有很多。请问，有谁是幼儿园学法文的？有谁是中学学德文的？从来没有。因为要留学德国，并不要求你是德文系毕业，不是学德文的人才到德国去留学。这点不像英文，要有雅思、托福考试。德文不会，只要申请成功，就可以到德国进入歌德学院。现在全世界的孔子学院就是学德国的歌德学院和西班牙的塞万提斯学院。歌德学院是语言学校，进入学习半年后再回到柏林大学、海德堡大学读书完全没问题了。在德国学习语言半年足够了。在国内学 20 年都不及在国外学半年。为什么呢？孟子老早讲过，齐国有个小孩要学楚国话，天天逼着打着，都学不会。因为周围都是说齐国话。这样学是没意义的。现在让孩子从幼儿园就学英文，到大学毕业以后，不用也就忘了。这是我们民族人才、精力、时间的可悲浪费。

> 现在让孩子从幼儿园就学英文,到大学毕业以后,不用也就忘了。这是我们民族人才、精力、时间的可悲浪费。

另外，英文不是普世语言。说西班牙语的人口那么多、西班牙文的书籍量那么大，可我们却毫不关注；法文也是如此，我们同样没有关注。好像国际化就只是英文。这误导了一代人的世界观。

潘采夫　专栏作家

扭曲的制度让英语变成考试工具

转变英语教育方式是值得探究的话题。我从初一开始上英语课，直到大学毕业上了将近10年，一切以考试为中心，结果是除了会做英语考题，我的英语交流能力接近零。由于被英语倒了胃口，大学过了四级后就跟英语永别了。两年前我到英国暂住，跟英国人打交道时，除了几句问候语，别的都不会，对方说的英语更是完全听不懂，只好从最简单的听力开始，又重新牙牙学语。当英国朋友听说我学了10年英语并做过大量习题，对我十年寒窗换来的英语水平百思不解。

究其原因，正是中国扭曲的英语考试制度，让英语从交流工具变成了专门的考试工具，这在全世界都别无分店，我们用不亚于英语国家的英语课堂时间，拼来了超低的英语应用能力。消耗了庞大的资源，却只让它作为一个考试机器存在，一门本来好玩也有用的课程，被糟蹋得人人讨厌，这是英语本身的悲哀，也是一代代学生的悲剧。

我们用不亚于英语国家的英语课堂时间，拼来了超低的英语应用能力。消耗了庞大的资源，却只让它作为一个考试机器存在。

线教平　媒体编辑

语言自身是没有原罪的

世界上很多国家向来都很重视本国的语言文化，像中国这样举国疯狂学英语的行为的确不多见。2011年，时任法国总统的萨科齐倒是挑战过这一传统——向他的国民推动“英语学习从娃娃抓起”的新政，即让法国孩子从3岁开始学习英语。不过，萨科齐的建议刚刚提出，就招致法国上下一片骂声。

尽管举国学英语大可不必，但把国民汉语退化的原因简单归罪为“学英语”，也的确武断了点。语言自身其实是没有原罪的。从一定程度上讲，国人把英语能力当成确认社会个体进入“全球化”的第一标识物，与其说成是英语强势的原因，倒不如说成是自己不争气的结果。减少或取消小学英语课并不难，难的是对自己语言精神迷失的不觉悟；与其禁止别人“鹦鹉学舌”，不如充实自己语言实力。

国人把英语能力当成确认社会个体进入“全球化”的第一标识物，与其说成是英语强势的原因，倒不如说成是自己不争气的结果。

International | 国际

主题主编 | 张钊

三中全会开辟国家大安全格局
中日东海角力，且看谁是赢家

三中全会开辟国家大安全格局

01

KEEPING THE
MINUTES OF CHINA
WITH THOUGHTS

主题

金一南　水到渠成的战略之举

新民周刊 2013 年第 36 期　中国特色的安全体制

赵可金　顶层设计开辟中国大安全格局

延伸

李大光　国家安全委员会的双重角色

名家观点

孟祥青　华益文　胡　昊　李升泉

主题 | Key Articles

水到渠成的战略之举

金一南

核心提示

新中国60余年，改革开放30余年，世情、国情、党情都发生了深刻变化。仅仅沿袭过去的机构、体制，传统的思路、方法，很多情况下已经难以有效应对今天日益错综复杂的局面。国家安全委员会体制呼之欲出。这就是中国国家安全委员会今天“终于”诞生的重大意义。

30余年改革开放，人们对增设机构普遍持有抵触情绪。国家安全委员会的建立，引发的却是官方民间一片叫好，甚至有“相见恨晚”之感。

看到三中全会公报中“设立国家安全委员会，完善国家安全体制和国家安全战略，确保国家安全”这一段，我脑中的第一反应就是两个字“终于”。

中国已经由地区性国家变为世界大国。除了人口、钢铁、煤炭、纺织、电力、高铁里程、外汇储备、网民人数、手机用户、能源消费……不知有多少个世界第一。而除了经济总量、石油进口、国防投入、高速公路里程、汽车保有量、持美国国债、持世界遗产数量……中国也不知还有多少个世界第二。这些第二之中，不知又有多少个正在向第一快步挺进。我们取得了举世瞩目的发展，我们也面临前所未有的问题。机遇、挑战、陷阱、麻烦，都扑面而来。我们同发达国家的结构性矛盾逐渐显现，同新兴市场国家的竞争面有所上升。我们同发展中国家的利益摩擦也开始增多，周边环境的战略压力和风险也日

金一南
少将，国防大学战略教研部副主任、教授。主要研究方向：国家安全战略，国际冲突与危机处理。

> 我们取得了举世瞩目的发展，我们也面临前所未有的问题。机遇、挑战、陷阱、麻烦，都扑面而来。

益凸显。美国借“亚太再平衡”浩荡而来，据说要将60%的战舰部署在太平洋。日本政治右倾化已成趋势，安倍认定的方向就是与中国对抗。朝鲜半岛问题、东海问题、南海问题、中印边境问题、中缅关系问题……一个个新旧问题交叉、新旧矛盾交织。与此同时，经济发展与国家安全的内外关联度越来越高，国民经济对外部商品市场、资源市场、资本市场和技术市场的需求和依赖日见加深，金融安全、能源安全、海上运输通道安全、海外资产安全、海外侨民和劳工安全、海外资源市场和产品市场安全等问题日益凸显。网络安全、太空安全、电磁频谱空间安全也成为维护国家利益和安全的全新事项。

> 仅仅沿袭过去的机构、体制，传统的思路、方法，很多情况下已经难以有效应对今天日益错综复杂的局面。

新中国60余年，改革开放30余年，世情、国情、党情都发生了深刻变化。仅仅沿袭过去的机构、体制，传统的思路、方法，很多情况下已经难以有效应对今天日益错综复杂的局面。国家安全委员会体制呼之欲出。

这就是中国国家安全委员会今天“终于”诞生的重大意义。

这一安全体制并不是新事物。美国人1947年就建立了，并以维护美国国家安全为名决策了一系列战争：朝鲜战争、越南战争、入侵格林纳达、入侵巴拿马、海湾战争、科索沃战争、阿富汗战争、伊拉克战争。期间还处置了一系列危机事件：苏伊士运河危机、柏林墙危机、古巴导弹危机、驻伊朗大使馆人质危机、“9·11”事件……不论是对是错，是失是得，该委员会在美国政治中的地位越来越重要。因为自成立之后，美国几乎所有重大安全问题决策，都出自该委员会之手。

对这一体制其实我们也并不陌生。自2000年中央决定组建“中央国家安全领导小组”，我们开始对这一体制进行探索，中美撞机事件、“非典”危机、朝鲜半岛核危机、奥运火炬传递、中日钓鱼岛撞船、黄岩岛事件、钓鱼岛危机……像一块又一块磨刀石，也对我们的体制机制进行了磨合，提供了考验，揭示了不足。今天，三中全会决定建立国家安全委员会，可以说是大势使然，也是水到渠成。30余年改革开放，人们对增设机构普遍持有抵触情绪。国家安全委员会的建立，引发的却是官方民间一片叫好，甚至有“相见恨晚”之感，就是这种“势”的证明。

但是在叫好之后，我们仍然需要保持清醒。国家安全委员会建立了，不过是新一轮探索的开始。开始调整资源，开始理顺关系，开始分配角色，开始实际操盘……任何机构都无法包治百病，都不能包办一切、替代一切、解决一切，国家安全委员会也是如此。其实连最早搞出这个机构的美国人也弄不清楚，他们到底用了多长时间，才把该机构由一个大家争吵不休、各方权力激烈博弈的场所，变成了一个比较合理、比较高效的决策机构，才把一批毫无经验却趾高气扬的新手，练成了一伙不事声张却又久经阵仗的老枪。该机构建立最初是为了应付美苏冷战，完成外交、国防、情报的整合。那是 20 世纪 40 ~ 50 年代。现在已经是 21 世纪了，如果我们对它的理解依然局限于为外交服务或为内政服务，只能证明我们的思维与今天的综合安全观、总体安全观依然相距半个世纪。

如果我们对国家安全委员会的理解依然局限于为外交服务或为内政服务，只能证明我们的思维与今天的综合安全观、总体安全观依然相距半个世纪。

虽然要真正认识这个机构的全部意义、发挥出它的全部作用，对我们尚需时日，但今天仍须首先强调：机制再完美，本身并不会自动发挥作用。起决定因素的依然是人。没有什么东西能取代人的洞察力、意志力和决断。美国总统国家安全事务助理这个职务就是个典型。1947 年美国《国家安全法》规定的该职务，不过是“文职执行秘书”而已。谁也未料到、后来也没有任何法律文件支持，这个文职秘书竟然上升到了与内阁成员平级，甚至超过一般内阁成员的总统国家安全顾问。关键原因，就是那个穿梭世界、纵横捭阖的基辛格。这个人的超群能力使该职位一炮走红，从此一发而不可收：布热津斯基、麦克法兰、斯考克罗夫特、鲍威尔等一批或具缜密思维或有决断手腕的人物竞相在这个职位上大展身手，使它成为美国安全界乃至政界最炙手可热的职位。它证明的是：人的主观能动性和创造性，在任何体制机制中都具有不可替代的巨大作用。

机制再完美，本身并不会自动发挥作用。起决定因素的依然是人。没有什么东西能取代人的洞察力、意志力和决断。人的主观能动性和创造性，在任何体制机制中都具有不可替代的巨大作用。

我们今天也走过来了。中国已经立于世界大国的门槛。中国国家安全委员会的建立，注定要在全面建成小康社会、实现民族复兴的伟大历史进程中发挥重要作用。它的效用，随着时间推移、随着我们越来越成熟，必将逐步展现。

中国特色的安全体制

新民周刊2013年第36期

核心提示

中国设立国家安全委员会既是与国际接轨，但同时也表现出中国特色。与当年美国面临的冷战背景不同，今天中国面临的是一个全球化的世界，是一个反恐、防扩散成为时代安全主题的世界，是一个网络安全与公共安全、经济安全密不可分的世界，在这种背景下，中国国家安全委员会可谓应运而生。

国家安全委员会的设立有着深刻的时代背景。

首先是美国重返亚太战略的“刺激”，尤其是近期日本安倍政权的喋喋不休和咄咄逼人，使得中国的周边安全形势骤然紧张起来，中国的海洋利益也受到很大挑战。在这种背景下，国家安全委员会的设立就有着非常重要的军事安全和外交意义。

斯诺登推开的“监听门”则凸显了网络安全的重要性。从曝光情况看，美国对中国的北京、上海乃至成都等大城市进行着监听活动，中国许多重要部门都笼罩在“棱镜计划”的阴影中，这对中国的公共安全、信息安全、网络安全乃至于经济安全都构成了极大挑战。也将赋予中国的国家安全委员会新的使命，即统合各方面力量维护国家的网络安全、信息安全及与此相关的经济和公共安全。这在全球化的今天和互联网时代显得尤为重要。

> 尤其要引起重视的是，美国已经在相当程度上做好了与中国、俄罗斯等国开展网络战的准备。

这其实也是对美国的网络安全战略的一个呼应。过去几年间，美国在构建国家网络安全战略方面下了很大本钱，并且将网军与其他部队并列为美国的国防力量，尤其要引起重视的是，美国已经在相当程度上做好了与中国、俄罗斯等国开展网络战的准备。在这种情况下，由国家安全委员会牵头，会同各相关部门构建中国的网络安全战略体系，全面维护国家的网络安全和信息安全已是当务之急。

在军事和安全领域，中美之间有斗争也有合作，而合作集中体现在反恐领域。国家安全委员会牵头，协调中国各部门构建反恐体系，并在全球范围内与美国等国进行积极合作，是维护中国国家安全，更是维护世界和平的重要的举措。

在全球化和互联网时代，无论是网络安全、公共安全还是反恐斗争，都使国内问题和国际问题难以割裂开来，非传统安全领域的挑战十分严峻。为统筹应对这些问题，制定相应的国家安全战略，构建国家安全体系，已经成为系统工程，这就需要一个专门委员会会同相关部门及大量的专家学者进行深入的研究和实践，这也是美国等国设立国家安全委员会的宗旨，即统筹内政、外交和国防等国家安全事务。

另外，类似“国安会”的机构也是一个大国的标配。以美国国家安全委员会为例，其不仅历史悠久（已有66年），而且成为美国国家安全体系中的核心力量，紧急时快速反应，平时完善系统，并且也在相当程度上避免了在涉及国家安全的重大事务中出现“九龙治水”的低效率状况。而美国的国家安全委员会之所以显得如此之重要，主要原因就是将国家安全放在了国家利益的最顶端，换言之，设立国家安全委员会也是一种美国式的顶层设计。

这种顶层设计的内涵是将国家安全视为国家利益的最核心部分，并使之成为政界、商界、学界和主流媒体的共识，进而使其成为全民共识。从某种意义上来说，美国在世界上的强势地位及其海外利益的不断扩大，乃至于社会的相对稳定，在很大程度上与这种共识有关。不论贫富、不分阶层，绝大多数美国人在内心深处都会把国家安全视为最值得珍惜和捍卫的国家利益。

美国在世界上的强势地位及其海外利益的不断扩大，乃至于社会的相对稳定，在很大程度上与这种共识有关。不论贫富、不分阶层，绝大多数美国人在内心深处都会把国家安全视为最值得珍惜和捍卫的国家利益。

中国设立国家安全委员会既是与国际接轨，但同时也表现出中国特色。与当年美国面临的冷战背景不同，今天中国面临的是一个全球化的世界，是一个反恐、防扩散成为时代安全主题的世界，是一个网络安全与公共安全、经济安全密不可分的世界，在这种背景下，中国的国家安全面临着全新的挑战，而挑战即是使命！

顶层设计开辟中国大安全格局

赵可金

核心提示

国家安全委员会将是一个统筹内外、协调各方的高层次国家安全机构，涵盖国防、外交、情报、公安、武警、外经、外宣等众多领域和部门，是在中共中央领导下的层次高、范围广、能力强的国家安全系统，标志着中国步入以顶层设计开辟中国大安全格局的新阶段。

赵可金

清华大学国际关系学系副主任、国际问题研究所副所长。主要研究方向，中国国际关系理论、中国政治外交、美国政治和外交及现代竞选政治与营销政治等。

中共十八届三中全会决议提出，设立国家安全委员会，完善国家安全体制和国家安全战略，确保国家安全。在中国国家机构体系中，国家安全委员会将是一个统筹内外、协调各方的高层次国家安全机构，涵盖国防、外交、情报、公安、武警、外经、外宣等众多领域和部门，是在中共中央领导下的层次高、范围广、能力强的国家安全系统，标志着中国步入以顶层设计开辟中国大安全格局的新阶段。

在国家安全体系中加强顶层设计，就是从顶层统筹考虑对外事务各个层次、各个领域及各个要素间的关系，设计出符合全球化时代开放性社会的国家安全制度，使传统安全和非传统安全能够共处于一个有机的国家治理体系中。

随着全球化和信息革命的发展，国家内涵不断扩大，不仅来自外部的传统安全威胁会影响到国家安全，来自内部的非传统安全威胁也会冲击国家安全。对此，世界各国普遍采取设立国家安全委员会的制度应对，国际化程度越高的国家，越早遇到这一问题，设立该机构的时间也越早。先是美国在 1947 年设立国家安全委员会，作为总统领导国安团队的协调中枢和咨询机构，一方面为总统出谋划策，另一方面协调政府各部门关于国家安全方面的行动。后来，苏联在 1977 年成立国家安全委员会，偏重于情报事务。此外，巴西、智利、南非、土耳其、泰国和马来西亚等国也设立了类似的国家安全委员会。

设立国家安全委员会，是一场事关党和国家领导制度改革的系统工程，必须强调系统性、整体性和协同性，着眼于建立内外兼顾、通盘筹划、统一指挥、统筹实施的国家安全工作机制。要求中央和地方、政府和民间、涉外各部门牢固树立外交一盘棋意识，各司其职，形成合力，有力改进和加强中央对外事工作的集中统一领导和统筹协调。

> 设立国家安全委员会，是一场事关党和国家领导制度改革的系统工程，必须强调系统性、整体性和协同性，着眼于建立内外兼顾、通盘筹划、统一指挥、统筹实施的国家安全工作机制。

要统筹内外，转变内外有别的传统安全观念，确立国际国内一盘棋的战略思想，将国防、外交、情报、公安、经济、社会、科技、舆论等众多领域的安全资源整合起来，主动将中国发展优势转化为战略优势，巩固中国作为世界大国的战略基础。

要统筹部际，转变部门分立的部门主义观念，把所有参与外事的行为体纳入国家安全共同体，合理划分职能权限，充分发挥各自优势，遵循“统筹协调、规划部署、指导检查、形成合力”的方针，构建中央统一领导、国家安全委员会综合协调、各方面共同参与的“大安全”格局。

要统筹央地，转变安全事务专属中央的观念，充分调动地方服务国家安全的积极性，在国家安全委员会的统一规划和部署下，引导地方合理有序参与国家安全事务，尤其是在海洋、海外事务上，地方要根据本地在国家安全整体战略布局中的任务，将自身发展纳入国家整体安全和发展战略之中。

要统筹官民，突破“官民分离”的安全思维，转变政府保卫安全的片面安全观，探索“官民结合”新平台。尤其是加强和完善党对安全事务的领导，积极思考拓展社会组织体系以改善党的领导的新办法，营造党委领导、政府主导、人民参与的立体安全格局。

延伸 | Extended readings

国家安全委员会的双重角色

李大光

核心提示

设立国家安全委员会，是维护国家经济安全的需要，是维护国家军事安全的需要，也是国家外交斗争的需要。未来国家安全委员会的作用可能有两重：对外维护国家安全，对内保障人民安居乐业。

设立国家安全委员会是中国国安体制机制建设的一项重大举措，是一个创新性举措，也标志着中国的外交将进一步发力。

李大光
国防大学教授，主要研究方向，军事装备、军事战略和国际关系。

之所以成立国家安全委员会，主要是随着世界变化和中国国际地位的提高，外国对中国的关注度也提高，各种形式的情报活动更加多样，渠道更加多元。同时，世界各地恐怖主义、分裂主义、极端主义三股恶势力的活动都很频繁，恐怖主义对无辜平民攻击的手段日益残忍。伴随着高新技术的发展，大频度的人员往来，军事技术的发展，各种利益的交汇，国家安全问题呈现与之前不一样的局面，国家安全问题更加复杂，形式更加严峻。因此，成立国家安全委员会正当时。

组建国家安全委员会是维护国家经济安全的需要。中国在2010年第二季度的GDP为1.33万亿美元，一跃超过日本成为世界上仅次于美国的第二大经济体。然而，我们还要面对这样一个事实，即中国的人均GDP只有6000多美元，在全球排在第105位左右。中国目前已经成功建立起与贸易伙伴进行制造技术和知识产权互换的坚实基础，中国进一步在资源配置中发挥市场的作用，能够促进这种双赢的互换。同时，中国还存在不少问题，例如贫富差距，尤其是农村和城市之间的发展失衡。中国如要维持现阶段的高速经济增长，还必须解决刺激国内消费的问题。显而易见，虽然成为世界上仅次于美国的第二大经济体，但中国的人均 GDP 还很低，这种“剪刀差”使中国面临的经济形势更加复杂，因此国家需要一个系统的维护其国家经济利益的顶层安全决策机构。

组建国家安全委员会是维护国家军事安全的需要。随着世界新军事革命深入发展，世界军事平衡进一步被打破，呈现“强者恒强，弱者恒弱”的“马太效应”。特别是随着美国战略重心的东移，导致中国周边乱象丛生，钓鱼岛问题、南海问题、民族分裂，以及边境安全问题等传统领域安全问题都涉及中国军事安全，恐怖主义、太空安全、网络安全等非传统领域安全也涉及中国军事安全。对于涉及这些国家军事安全的重大问题都需要国家最高领导层及时拿出最佳决策。此外，有关国防和军队建设等重大事件同样需要国家最高领导层及时拿出最佳决策。

组建国家安全委员会是国家外交斗争的需要。冷战结束以后，国际安全形势更加复杂，苏联解体使中国直接面临美国这个世界唯一超级大国的战略遏制。国际社会意识形态领域的斗争虽然有所下降，但外交斗争却日趋激烈。如何在这日趋复杂的国际安全环境中赢得外交主动，保持国家性质不发生改变，巩固中国共产党的执政地位，这些都需要国家最高领导层在对安全形势发展走向作出准确研判的基础上，及时拿出最佳的对策和决策。

快速发展的中国在国际上的地位日益上升。面对国内外涉及国家安全、领土、领海、外交、军事、资源、经济、民生方面诸多重大和长远的重大战略问题，倾注更多关注力量进行统筹规划和议决更是迫在眉睫。因此，作为国家最高领导人的顾问机构，国家安全委员会的作用有两重：对外维护国家安全，对内保障人民安居乐业。统一考虑涉及中国国家安全的内政、外交和军事政策和决策。

当今，中国面临的国家安全和国际安全形势越来越复杂，设立国家安全委员会，统筹处理今后如何维护国家安全，特别是非传统领域的安全问题，对外展现了我们对国家安全的态度。可见，设立国家安全委员会是中国国安体制机制建设的一项重大举措，是一个创新性举措，也标志着中国的外交将进一步发力。其重要作用，一是提升或提高决策的效率。当前中国外交可以说是千头万绪，但要有一个好的协调机制，国安会将承担这样的作用。二是我们的决策机制中，特别需要有这样一个中间环节，这个环节可以减少条条框框。通过国安体制的安排，使我们决策的效率最大化，以应对更加复杂的国防建设和国家安全重大问题。

名家观点 ▎Experts' viewpoints

孟祥青　国防大学战略研究所副所长

设立国安委要"捏紧五指攥成拳"

在我国现有职能部门中，也有许多涉及各领域的安全部门，如安全部、公安部、外交部、军队和武警部队等。同时我国也有预警、防范、处置恐怖组织、邪教组织等严重犯罪的相关机构，但上述部门和机构重点都不在"顶层设计"上，而是"铁路警察各管一段"，各司其职、各负其责，甚至也有信息分散、沟通不畅、条块分割的现象，缺乏统一指挥和协调。所以在当前的情况下，设立国安委就是要"捏紧五指攥成拳"，加强各相关部门之间的协调，发挥合力。

华益文　国际问题专家

大国安全软件上的标准配置

作为一个大国，其安全标配既有硬件上的，如航母、核潜艇、新一代战机，也有软件或者说机制上的，如中国的国家安全委员会。从全球范围看，拥有国家安全委员会几乎成了大国标配。美国早在1947年就根据《国家安全法》设立了国家安全委员会。俄罗斯、法国、印度等国也都设立了类似机构，日本经过若干年的酝酿，也已经启动设立类似机构的程序。

胡　昊　当代世界研究中心副主任

为国家安全提供一元化的机制保障

国家安全委员会的设立，将使得国家能够更好地集中力量，采取综合措施和手段，来处理和应对涉及国家安全的重大事件和危机，制定维护国家安全的总体战略部署，为防范国家安全威胁和应对危机事件提供一元化的机制保障。

李升泉　国防大学军队建设与军队政治工作教研部主任

从军事安全转变为综合安全

国家安全战略和国家发展战略共同组成了国家大战略，是国家最顶层的主导战略，规范指导着其他各个领域的战略。实现这一战略，就需要设立相应的实体机构。而国家安全机构，过去主要是分散在军事、情报、公安、外交等一些国家强力机关中，还没有一个现代意义上的国家安全综合部门。国家安全委员会的出现，反映了人们在国家安全观上的变化，由单纯的军事安全转变为综合安全。

中日东海角力，且看谁是赢家

02

KEEPING THE MINUTES OF CHINA WITH THOUGHTS

主题

宋忠平　设防空识别区，凸显中国决心

何晓松　对华强硬的险恶用心

延伸

邢广梅　日舰机挑衅，危险又愚蠢

名家观点

耿雁生　罗　援　尹　卓

杜文龙　吕耀东

主题 | Key Articles

设防空识别区，凸显中国决心

宋忠平

核心提示

中国公布东海防空识别区关键在于要维护国家主权和东海海洋权益，尤其是防空识别区包含钓鱼岛全部领空，更是凸显中国维护国家主权的坚定决心。这完全是出于中国“国家安全”的实际需要，希望某些“做贼心虚”的国家不要对号入座。

中国军队完全有能力在“中国海”内解决任何不怀好意国家的挑衅行为。

中国公布东海防空识别区关键在于要维护国家主权和东海海洋权益，尤其是防空识别区包含钓鱼岛全部领空，更是凸显中国维护国家主权的坚定决心。从维护国家和地区稳定的角度来讲，中国对划定防空识别区问题保持了极大的克制。包括美国和日本等二十多个国家，从上世纪五十年代就开始划定防空识别区，中国顾全大局而一直没有宣布防空识别区。从国际法的角度来看，防空识别区不具备主权内涵，只是一个国家领海、领空预警外延的有效拓展，以此来制约那些可能威胁到一个国家主权的“不明飞行器”或“不怀好意国家”的飞行器。中国宣布防空识别区完全是出于中国“国家安全”的实际需要，也希望某些“做贼心虚”的国家不要对号入座，以此来抬高自己的身价。当然对中国而言，是否宣布防空识别区都无碍自己维护包括钓鱼岛在内的中国国家主权，毕竟中国军队完全有能力在“中国海”内解决任何不怀好意国家的挑衅行为。

宋忠平
军事评论员。

中国早就拥有了自己的防空识别区域，是否宣布无碍于中国军队加大对包括东海海域在内的预警监控力度。中国如今宣布建立防空识别区，符合中国自身利益需求及国际法的相关规定，只是更加明确国家的防空识别区界限，以此增强相关海域空域的预警、监控和管制能力。但同时也公布了四种有效可行“空中识别”手段，只要按照中国防空识别区的管理要求，也确保相关国家飞行器在公海上空的飞行自由，完全符合国际法的实际要求。

此外，中国宣布防空识别区，更彰显军事力量的自信。中国从之前的“引而不发”到今天的“高调宣布”，表明中国在军事力量建设上已经全面发展，具备了“看得见”和“拦得到”的基础能力。

中国从之前的“引而不发”到今天的“高调宣布”，表明中国在军事力量建设上已经全面发展，具备了“看得见”和“拦得到”的基础能力。中国军队有能力按照自己宣布的防空识别区行事——言必行，行必果。

“看得见”包括中国已经具备了“三位一体”综合预警体系，可以有效对东海等海域实施全面监控，主要包括陆基远程雷达、舰基（海基）警戒雷达以及空基雷达，如中国的“空警－2000”、“空警－200”、海上警戒机等，目前中国军队已经完全具备海域预警控制功能。

“拦得到”主要体现在中国新型战机不断的“更新换代”，实现了“二代机”向“三代机”、“三代半机”过渡，目前以歼－10、歼－11、歼－11B、苏－30、“飞豹”等战斗机为主，具备很强的对空、对海拦截和攻击能力。

可见，中国宣布防空识别区是完全有实力作保障的，尤其是在中国海范围内，中国军队有能力按照自己宣布的防空识别区行事——言必行，行必果。

防空识别区的建立是国际上很多国家的通行做法，并符合国际惯例，但更是一个国家维护国家主权的国内法的对外延伸，如《中华人民共和国国防法》等，因此，宣布防空识别区完全是主权国家自己的事情，其他国家无权对一个主权国家的行为说三道四。此外，这些指责中国的国家已经建立防空识别区半个多世纪，何时向中国在内的邻国通报过，何时感受过中国对其擅自扩大防空识别区带来的烦恼，尤其是日本这个邻国，将其防空识别圈作为围困中国，并画地为牢的标志。只要中国不进入这个“圈子”就符合日本国家利益，否则就是“中国威胁论”，就是日本无法容忍的。就连日本不断在中国东海油气田和中国钓鱼岛等领土和海域上空巡逻，也都逼着中国承认其“合法性”，这完全是强盗逻辑和强权政治的体现。

日本将其防空识别圈作为围困中国、并画地为牢的标志。美国更是全球最大防空识别圈的划定者，不仅有固定的防空识别圈，还有以航母为依托的移动防空识别圈。

美国更是全球最大防空识别圈的划定者，不仅有固定的防空识别圈，还有以航母为依托的移动防空识别圈。美国航母走到哪里，那里就以航母为原点，几百公里为半径，划定航母防空识别圈；同时，哪里有美国发动的战争，那里就有美国临时划定的防空识别圈。究竟是谁在践踏国际法，践踏其他国家的主权、人权，由此不难看得出来。至于说“破坏地区局势”，“破坏地区稳定”，这完全是美日等国强加给中国身上的一个无理借口，就是希望以此来抹黑中国，遏制中国，用所谓的防空识别区和岛链概念来“锁定”和“困杀”中国。

日本将中国的钓鱼岛，韩国将中国的苏岩礁，擅自划定在他们的防空识别区内，更是严重侵犯了中国的主权和领土完整。

中日韩的防空识别区有重合，这恰恰说明这些国家在冷战期间划定的防空识别区已经危害了中国的核心利益，尤其是日本将中国的钓鱼岛，韩国将中国的苏岩礁，擅自划定在他们的防空识别区内，更是严重侵犯了中国的主权和领土完整。中国的主权问题是不容谈判的，中国也没有一寸多余的领土可以“奉送”，如果某些国家还将中国当作是 1895 年和 1937 年的中国，那就是彻底打错了算盘。中国从来不主动挑起争端，但绝不会惧怕争端，维护国家核心利益更不会有丝毫的动摇，中国军队维护国家主权的能力也不容置疑。如果某些国家不顾中国的多番警告，一意孤行，继续挑衅中国国家底线，继续奉行对中国的遏制和围堵战略，只能最终自食其果。

中国在划定东海防空识别区的同时也已经给了最大的“包容性”，即中国公布了多达四种的辨识方式：无线电、飞行计划、应答机、标志，其目的就是为了避免“擦枪走火”。只要能符合中国防空识别区的管理规定，就可以做到“和平相处”。但如果日本等国家对中国的善意和正常举措毫无回应，甚至恶意挑衅的话，擦枪走火或将难以避免。

对华强硬的险恶用心

何晓松

核心提示

日本对华强硬的背后，突显了日本新的国家战略，即首先要在军事领域取得与其经济实力相匹配的能力，其次想使日美同盟由“亲子”关系转向“兄弟”关系，在日美框架中取得更加平等的地位。这一战略必然导致中日关系紧张，干扰我国的和平发展。

近来日本对中国日益强硬，屡屡口出狂言，在钓鱼岛争端中完全不顾中日两国共同的经济利益，其背后的深刻原因是日本新的国家战略。

一、安倍上台后，日本国家战略的新转型

日本的国家战略在各个阶段其目标、手段和内涵是不同的。

80 年代日本成为经济大国，中曾根康弘打着“战后总决算”的旗帜，追求政治大国化。

安倍上台后，日本的国家战略面临新的转型。

1. 提出“摆脱战后政治体制”，追求军事大国化

日本新的国家战略的内涵首先是军事大国化，即在军事领域建设与它经济实力相匹配，能够在世界确保日本的利益，并能与中国抗衡的军事实力。安倍上台后着力将自卫队打造成国防军，为实现军事大国目标准备硬实力。在军事力量建设上日本着重加强信息化建设，建造远程化武器装备以及大型化的武器装备。在目前阶段日本发展进攻

何晓松
中国社会科学院日本研究所日本政治研究室助理研究员。

性武器还会遇到一些困难和阻碍，但是它在常规力量的建设方面下了大力气，日本在培植一个不落后时代的军事实力。尤其是联合作战领域，日本这些年不但出台了很多重要的措施，并且都在扎扎实实地进行着一些具体的准备。有了军事硬实力的建设，还需要为日本军事力量走出国门松绑，安倍提出修改宪法第 9 条，把自卫队变成国防军，成为正式的军队。他同时主张扩大宪法解释，赋予自卫队行使集体自卫权的权力，可以向海外自由派兵。

2. 独立自主

20 世纪 80 年代日本经济实力如日中天之时，日本曾想摆脱美国，但美国不答应。在当前美国实力下降，开始战略收缩，财政上也存在很大的困难，经费大幅度削减。美国对整个亚太的控制力不断减弱，使日本对日美同盟的可靠性产生怀疑，同时它也有了更多的战略空间。日美同盟开始由“亲子”关系向“兄弟”关系转变，日本在日美框架中取得了更加平等的地位。

3. 改变东亚的政治和安全秩序

安倍宣称日本要做亚洲的领导者，在安全领域争做领头雁。在美国军事预算捉襟见肘之际，日本与美国在东亚形成军事共治。可以预见如果美国在东亚军事收缩，日本必将承担越来越重要的军事责任。

二、日本新国家战略带来外交战略转变

日本新国家战略的诞生必然带来外交战略的转变。

1. 军事手段的作用更加突出

在日本的外交战略中，军事手段的作用更加突出。围绕钓鱼岛的争端中，日本不断地加强军事挑衅，想逼迫中国作出军事退让。它还利用 ODA 的资金资助越南和菲律宾多艘巡逻舰。

在日本的外交战略中，军事手段的作用更加突出。围绕钓鱼岛的争端中，日本不断地加强军事挑衅，想逼迫中国作出军事退让。

2. 极力渲染“中国威胁论”，以利实现军事大国化目标

日本在钓鱼岛问题上保持强硬，营造一种“中国外压”的气氛，

极力渲染“中国威胁论”，为国内的政治保守右倾化服务。这有利于安倍提出的修宪、强军这种军事大国化目标。

3. 营造自身绝对安全环境，围堵中国、遏制中国

安倍为营造自身绝对安全的环境，竭力挤压中国的军事和政治力量，联合中国的周边国家，构筑一个围堵中国的网。安倍口口声声讲的所谓价值观外交，其实质是战略性外交，是在战略上围堵中国，是强化日美同盟来牵制中国、遏制中国。

4. 追求政治、军事大国化和与美平起平坐

日本的外交战略是在日美同盟的框架中追求政治、军事大国化和对美平等。日本利用美国重返亚洲的机会，时常发表强硬的言论，吸引美国的注意力，寻求美国支持日本修改宪法。它还要借助美国的力量，发展军事力量。但现今的日美同盟日本已经不是美国的小伙伴，它已经成为更独立的力量。

在钓鱼岛争端中，日本日渐强硬，这是日本实施新的国家战略的结果。安倍提出“找回强大的日本”，就是找回独立自主并能和美国平起平坐的日本。在东亚它必然寻求领导地位，遏制中国崛起。日本在军事领域公然地挑战中国，甚至不惜牺牲部分经济利益，可见它是下定决心要实现军事大国化。

安倍提出“找回强大的日本”，就是找回独立自主并能和美国平起平坐的日本。在东亚它必然寻求领导地位，遏制中国崛起。

中国在历史问题和岛屿归属问题上与日本有分歧和摩擦，中国的崛起挤压了日本的生存空间，在日本军事大国化过程中，两国不可避免会发生激烈的碰撞。2014 年是甲午战争爆发 120 周年，2015 年是抗战胜利、日本投降 70 周年，2016 年日本要举行议会选举，在这三年内日本有可能利用一些时机，继续干扰我们的和平发展。

延伸 | Extended readings

日舰机挑衅，危险又愚蠢

邢广梅

核心提示

针对日舰擅闯中国演习区的行为，中方有权采取警告、严重警告、警示性射击甚至武力驱离等措施，奉劝日本莫把中国负责任的克制当软弱，在中日关系如此复杂敏感的背景下，这样的误判对于日本很可能是灾难性的。

海军“机动-5号”演习刚刚落下帷幕，然而这一正常的中国海军年度计划演练任务在实施过程中，却遭遇了日本海上自卫队舰机持续性、长距离、高强度地跟踪、监视及干扰，甚至直接闯入演习区域获取演练情报，严重侵害了中国根据《联合国海洋法公约》及国际习惯法所享有的公海权利。在中日海上争端剑拔弩张的特定背景下，日本海上自卫队这一举动，进一步将中日海上军事力量引向爆发海上武装冲突的危险边缘。这是自继日本传达要“击落”进入钓鱼岛海域的中国无人机之后，对中国采取的又一次挑衅行为。

2013年10月24日至11月1日整个演习期间，日本海上自卫队舰机无视国际海事组织提醒避让的公告，自中国演习兵力从本土出发不久，就跟踪监视，并伴随闯入演习区，予以高强度侦察监视，直至演练结束。期间，中国海军不得不调整了演习科目与进程，使演练计划受到严重干扰。对此，中方曾数次发出警告，要求日舰机退出演习区域，并通过外交途径与日方进行严正交涉，均未取得良好效果。这反映出安倍主导下的日本政坛，正与和平安宁的地区秩序渐行渐远，引起一切爱好和平的人们的警觉。

邢广梅
海军军事学术研究所法律研究室主任。

根据公海自由原则，中国海军享有行使公海自由的权利。在选取演习区域时，中国海军避开了繁忙的国际航道、渔区、具有生态环境保护意义的海区，以及他国海上训练区等，充分考虑到了国际社会使用公海的便利性，以最少打扰的可能设置了该演习区域，时间仅为一周，并经国际海事组织公布，定位为实弹训练区，即国际法意义上的禁航区，各国船机有义务予以避让。因此，日舰机闯入该区并密集侦察，严重侵犯了中方对公海自由的权利行使，与演习期间，中方对演习区内发出遇难信号的日本渔船所提供的人道主义便利做法大相径庭，有悖于国际关系道义准则。

在中日海上争端剑拔弩张的特定背景下，日本海上自卫队这一举动，进一步将中日海上军事力量引向爆发海上武装冲突的危险边缘。这是自继日本传达要“击落”进入钓鱼岛海域的中国无人机之后，对中国采取的又一次挑衅行为。

日本舰机的上述行为，不仅对我日常及重大的演习活动造成干扰，而且危及我舰机航行安全，甚至可能引发误判、误伤等意外突发事件，既危险又愚蠢。依据国际法，演习区域的设置有三个目的：令过往船机避免航行危险、防止外国舰机干扰演习、免除国家责任。因此，在国际海事组织予以公告、我方警告的情况下，日方舰艇仍不撤离，如果挨了子弹就是自找的。干扰行为对我方造成损失，日方将承担赔偿责任；同时，针对日方此种行为，中方有权采取警告、严重警告、警示性射击甚至武力驱离等措施，中国向来讲究“先礼后兵”，下一次就不会这么客气了；根据对等原则，将来遇到日本或者日美的军演，我们也可“闯”他们的演习区侦察监视，以其人之道还治其人之身。奉劝日本莫把中国负责任的克制当软弱，在中日关系如此复杂敏感的背景下，这样的误判对于日本很可能是灾难性的。

名家观点 Experts' viewpoints

耿雁生 国防部新闻事务局局长、国防部新闻发言人

日方胆敢击落中国无人机，就是战争行为

日方有关好战言论纯属蓄意挑衅。中国军队飞机包括无人机在东海有关海域的正常训练和飞越活动，符合国际法和国际实践。需要指出的是，中国飞机从未侵犯他国领空，也决不允许别国飞机侵犯中国领空。我们奉劝有关各方，不要低估中国军队维护国家领土主权的坚定意志和决心。如果像日方所说采取击落等强制措施，就是对我的严重挑衅，是一种战争行为，我们必将采取果断措施予以反击，一切后果由肇事方承担。

罗　援 中国战略文化促进会常务副会长兼秘书长

防止意外事件的减震器和缓冲阀

设立防空识别区有利于危机预防。危机预防的一条基本原则是必须厘清利益边际，告诉对方哪些地方是可行的，哪些地方是不可行的，哪些地方是经过允许才可行的，这对贸然闯入者是一个提醒，对蓄意挑衅者是一个警告，对正当防卫者则提供了一个预警时间。因此，防空识别区的设立并不是为了激化矛盾，恰恰相反，它使复杂的问题简单化了，使模糊的界限清晰化了，减少了误判、误伤的概率，是防止意外事件突发的减震器和缓冲阀。

尹 卓 海军信息化咨询委员会主任

美国的司马昭之心，路人皆知

美国在整个亚太地区历来就是霸权思维，就是他可以做的事情别人不可以做，是只许州官放火，不许百姓点灯。当然这种霸权思维还附带有很多政治目的，就是美国要利用中国设防空识别区的问题，与他在亚太地区的盟国磋商并采取一个共同的行动：应对中国的威胁。这种图谋已是司马昭之心，路人皆知。

杜文龙 军事科学院研究员

把“眼睛”和“拳头”放到防空识别区中

将空中的预警机和战斗机组成编队，在我们的防空识别区内进行巡航，是把空中的指挥预警能力和空中的拦截能力非常紧密地结合到一起。空警2000预警范围大，侦察距离远，而且能够掌握多个批次的目标，精度也很高，同时，还能够指挥多批次飞机对目标进行拦截。现在我们把“眼睛”和“拳头”同时放到防空识别区中，在防空识别区内巡航，淋漓尽致地展示了我们这方面的能力。

吕耀东 中国社会科学院日本研究所外交室主任

日本企图挟美制亚“借船出海”

日本虽然实施了钓鱼岛“国有化”方针，但是，日本还不足以依靠自身的军力和进攻型的战略方针实现其战略目标，仍需要美国盟主的有力支持和声援。事实上，日美同盟正是日本实施所谓钓鱼岛“国有化”的战略基础以及日本谋求海权战略目标的推动力。

一直以来，日本排他性“海权论”主张以“海权论”为依据，强化日美海权同盟关系，采取“挟美制亚”、“借船出海”谋求日本海权战略目标。近年来，美国的战略东移让日本看到了“借船出海”的机会，日本想方设法依托美国东亚战略调整，觊觎钓鱼岛。

图书在版编目（CIP）数据

时论中国.2／厉以宁、艾丰、石军主编.—北京：中国工人出版社，2014.2
ISBN 978-7-5008-4862-2

Ⅰ.①时… Ⅱ.①厉…②艾…③石… Ⅲ.①时事评论—中国—文集 Ⅳ.①D609.9—53

中国版本图书馆CIP数据核字（2014）第028638号

时论中国02

出 版 人	李庆堂
责任编辑	姚 远
责任校对	赵贵芬
责任印制	栾征宇
出版发行	中国工人出版社
地 址	北京市东城区鼓楼外大街45号 邮编：100120
网 址	http://www.wp-china.com
电 话	（010）62350006（总编室）；（010）62005039（营销出版部） （010）62382916（职工教育分社）
发行热线	（010）62005996（分社发行电话） （010）62382916（分社传真）
经 销	各地书店
印 刷	北京睿特印刷厂
开 本	710毫米×1000毫米 1/16
印 张	17
字 数	250千字
版 次	2014年2月第1版 2014年6月第2次印刷
定 价	38.00元